距离感

战略BP的进阶之路

钱海峰◎著

中国铁道出版社有限公司

CHINA RAILWAY PUBLISHING HOUSE CO., LTD.

图书在版编目（CIP）数据

距离感：战略 BP 的进阶之路 / 钱海峰著 . -- 北京 ：
中国铁道出版社有限公司 , 2025. 1. -- ISBN 978-7-
113-31682-2

Ⅰ. C931.2

中国国家版本馆 CIP 数据核字第 2024CV3430 号

书　　名：**距离感——战略 BP 的进阶之路**
　　　　　JULI GAN: ZHANLÜE BP DE JINJIE ZHI LU

作　　者：钱海峰

责任编辑：张　丹　　编辑部电话：（010）51873064　　电子邮箱：232262382@qq.com
封面设计：宿　萌
责任校对：刘　畅
责任印制：赵星辰

出版发行：中国铁道出版社有限公司（100054，北京市西城区右安门西街 8 号）
网　　址：https://www.tdpress.com
印　　刷：天津嘉恒印务有限公司
版　　次：2025 年 1 月第 1 版　　2025 年 1 月第 1 次印刷
开　　本：710 mm×1 000 mm　1/16　印张：15　字数：200 千
书　　号：ISBN 978-7-113-31682-2
定　　价：69.00 元

　　随着环境的变化，组织快速反应成为一种刚需，小单元业务作战成为一种潮流。于是在很多企业，尤其是多元业务的组织中，战略职能部门往往会派驻业务伙伴（business partner，BP）到业务线，开展上传下达、赋能、支持业务的发展等工作。可惜现实中的效果往往都不甚理想，要么是各自为战，协作距离太远，战略与执行两个系统运作，资源严重浪费；要么是战略BP成为业务"附属"，协作距离又太近，丧失立场和使命的独立性。究其原因，纷繁复杂，但研究后发现，核心原因是企业对战略相关职能认识和实施存在一定误区，如果BP没有很好地了解身处的环境，没有做好适当的定位，严重的会造成工作冲突，或一事无成的窘况。所以，在协作双方工作内容既有交叉又有独立的情况下，该如何合作、如何界定，既能在交叉点取得一致，又能在额外区域填补知识或者能力的空白，不但有利于业务发展，也驱动个人不断成长，这几乎是所有战略BP的痛点。

　　这是目前第一本以战略BP角色为主要描述对象的著作，同时内容也夹杂着对"战略""战略管理"等方面的一些思考。在本书中，不长篇大论叙述战略理论，也不细致入微教授战略工具，而是引入搏击格斗中的"距离感"概念，探讨在新的社会发展环境下，战略 BP 职能产生的背景及作为一个战略 BP 如何评估所处的战略协作环境，如何更准确地进行自我定位，如何既能发挥协作的最大价值，又能保持职能的独立性，同时还可以为雇主提供超期望价值与成就自我等问题。

本书既回顾过去，同时立足现在，又面向未来的变化，适合那些刚接触并希望更好地理解、合理地使用战略管理理论及分析工具的从业者，同时也适合那些准备或者已经开始推动战略管理体系建设工作，但又担心或已经在实际落地、协作工作中遇到问题，如鲠在喉，希望有切实可借鉴的理论与实践推动战略 BP 方案优化、推动能力提升的组织。

在撰写过程中，我更希望摈弃以往财经管理理论类著作一贯的晦涩、刻板，不去过多地进行词条解释、概念描述，极力让语言生动活泼、通俗易懂，在娓娓道来间，让沟通与阅读饱含美感。

本人曾负责千亿营收、近四百亿利润规模企业的战略研究、战略规划与管理工作，历任战略团队负责人、总监、首席战略分析师等职务，履历足迹历经超大央企、跨国巨头、新科技头部企业、传统行业转型组织，从基层执行者，到中层管理者，再到高层策划者，于不同视角审视企业战略的形成、执行、管理、评价，拥有近二十年的企业内外部战略工作和服务经验，形成超过百家中外名企案例交流成果。

本书也是我多年理论研究和实践经验的一点感悟与成果结晶。当然如前所述，我用"漫谈"的方式来讲述，尽量脱离"严肃"的语调，是想在更加轻松的氛围与环境中与大家一起探讨相关的话题。

在此一并感谢成稿过程中给予支持的家人和朋友们！

钱海峰

2024 年 9 月

◇ 目录

第一章

应运而生的新职能

引 子

　　2010 年前后，移动互联网如汹涌的波涛强烈地冲击着传统行业，也深刻地影响着人们日常生活的方方面面，而彼时的杨浩正在一家大型企业战略发展部任职，核心工作之一便是研究互联网及移动互联网新业态，推动企业创新和孵化新业务，促进组织战略转型。

　　有一天，部门总经理将杨浩叫到办公室交代了一项新的工作：集团计划将本省公司托管的业务基地改制组成公司化运营，再将其他地区的八大业务基地剥离并入其中，组成一个互联网专业子公司，为用户提供专业的增值服务，独立运作，自负盈亏，致力于开辟公司的第二条增长曲线。杨浩的工作便是代表集团及省公司战略"线条"，加入筹建办，配合领导小组开展行业研究、发现机会、找准定位、牵头咨询公司进行筹建公司的业务规划……

　　对于此事，杨浩其实早有耳闻，但在与部门领导的这次谈话中，第一次听到"战略 BP"这个词。

　　之前杨浩也配合筹建过公司的财务共享服务中心（financial shared service center，简称 FSSC），也参与协助人力资源部研究编写人力 BP 的职能说明书，算起来对 BP 的工作有一定的了解，但这次将躬身入局，不免有些思绪起伏：

- BP 工作如何在战略线条落地？
- 对战略 BP 的要求是什么？
- 如何开展工作？
- 如何评价其最后的工作成果？
- 谁来评价？

………

第一节　组织 BP 化现象的起源与演化

移动互联网及人工智能时代的到来，快速、高效成为组织常态化要求后，一线经营单元极致的灵活已经成了标配，这种灵活性体现在授权、激励和赋能等职能的下放，这无疑会对企业的人力资源、财务和法律等职能管理部门的高层决策构成挑战。后台职能部门向中前台业务部门派驻业务伙伴（business partner，以下简称"BP"）成为一个平衡"经营"和"管理"之间矛盾的均衡器。这个现象现在已然成为一种潮流，不仅传统的"人力 BP（HRBP）"和"财务 BP（FBP）"继续活跃，战略、法务等部门的 BP 也开始出现，整个组织俨然有"BP 化"的趋势。

一、组织 BP 化现象的原因

1. 解决授权问题，在"一管则僵"和"一放则紊"之间平衡

市场变化多端，企业迫切希望那些直接面对市场竞争压力的前线员工能够提出策略性建议。企业期望那些身处一线、能感知市场动态的员工来引领方向，但又对赋予他们无限决策权持谨慎态度。实际上，每位企业负责人或老板心中都有一个不便于公开的决策准则——宁愿企业发展缓慢，也不愿面临"失控"的风险。他们更倾向于严格管理，而不是放任自流导致混乱。

此时，BP（业务伙伴）便扮演着授权的均衡角色。他们作为公司利益的

代表，以"特派员"的身份参与业务活动，使得权力运作形成一个"隐形边界"。这种机制有效地解决了企业负责人在授权后可能产生的焦虑问题。

2. 解决激励问题，在"一刀切政策"和"本地化需求"之间平衡

为了确保整体的协调与统一，后台所实施的激励政策始终是固定不变的。

优先考虑的有两方面：一方面是横向公平性，即不要出现苦乐不均；另一方面是总量控制，即在预算范围内释放激励。这两个方面限制了激励政策的张力，导致该政策不可避免地被设计为针对"打工人"。而当企业积极向一线授权，要求他们以"经营体"的方式来运作时，就需要基于经营体的特征释放对"经营体"的激励。

此时，横向的差距可能拉大，对于总量的控制也不再是严格参照静态的预算来定，而是员工与企业一起"做蛋糕、分蛋糕"。BP 可在总部激励政策的框架内，设计若干的本地化政策，按照业务推进释放强有力的激励。

3. 解决赋能问题，在"专业方法"和"业务经验"之间平衡

在企业运营的早期阶段，人力资源和财务部门是较早引入 BP 职能的领域，这两个领域的专业性是有价值的。然而，这种专业性所带来的规范也不可避免地对业务的自由度造成了一定的限制。因此，许多业务部门的负责人都曾产生过一种不切实际的幻想——那就是摒弃传统的专业管理方法，采取更为自由的方式，聚集一群志同道合的伙伴，专注于完成任务，享受简单的快乐，如畅饮美酒、共享美食，以及公平地分配收益。

然而，经过多次尝试，大多数的结果都是被现实的严峻情况击败。实践证明，缺乏专业的业务方法论，仅凭江湖式的做法，是难以承担重要任务的。

此时，BP 与业务共同战斗，基于业务的洞察导入专业的方法，确保用科学的方式做大业务。

二、组织 BP 化的演化

早在 20 世纪 80 年代，福特就已经建立了全球第一个财务共享中心，将财务部拆成了类似三支柱的形态，塑造了 BP 的雏形。而直到 20 世纪 90 年代，戴维·尤里奇才在回应对于人力资源部的质疑中，提出了四角色模型（战略伙伴、效率专家、变革先锋、员工后盾），后来 IBM 公司根据尤里奇思想，结合自己的实践总结为"人力资源管理三支柱模型"即专家中心（center of expertise / center of excellence，以下简称"COE"）+ 共享服务中心（shared services center，以下简称"SSC"）+ 业务伙伴（BP）。

下面内容为"HR+ 三支柱"的相关介绍。

比如 COE 在业务变革中展现出了前瞻性的引领作用，成为推动变革进程的关键力量。其主要职责在于，依据公司的战略方向，制定具有前瞻性的 HR 战略，并设计出与公司战略紧密相连的 HR 政策体系。同时，COE 还承担着方法论和工具的研发与指导工作，作为公司级 HR 项目的主导者和牵头人，推动各个专业职能领域的变革，从而为公司及其业务创造更大的价值。

HRBP 主要关注的问题包括团队绩效、人员管理技巧、工作满意度、激励和归属感等。因此，其人力资源解决方案也主要集中在这些方面。然而，随着层级的提高，所关注的焦点更多地体现在组织变革和领导力层面。

SSC 是 HR 三支柱中负责提供贡献服务交付的核心部门。其工作职责广泛，包括员工服务受理、SSC 的内部运营管理以及 HR 流程事务的处理。通过专业化和标准化的服务，SSC 能够及时且准确地理解和满足需求，从而支持业务的持续发展。SSC 发挥着体系支撑的关键作用，成为人力资源产品、服务及系统高效交付的专业机构。

三支柱的目标是一致的，虽然各自的定位不同，HRBP 基于业务、COE 基于战略、SSC 基于平台和服务，但它们对外都是 HR，最终的目标都是为组织创造价值。

简而言之，在组织战略的指引下指向同一目标，COE 负责做决策；SSC 负责走流程；BP 负责做执行。

在当前体系下，COE 的构造对 BP 的活动范围具有决定性影响。BP 本质上承担着"政策执行者"的角色，既无法左右高层决策，也无权干预具体业务操作。要想胜任 BP 职位，实则面临一个"无解难题"，其解决之道往往依赖于人际交往能力。尽管对专业知识的深入理解无疑能够提升这种"协调"工作的效果，但在此时，相较于"人际交往""专业素养"显得较为次要。

现阶段，COE 推动 BP 的逻辑似乎发生了变化。BP 开始拉动 COE，战略地位变得更加重要。有的企业，BP 甚至还兼任了部分 COE 的职能，即通过"换位"的方式实现内部到外部的转变：BP 往往带着一线的感知，回到 COE 制定政策，再带着政策回到业务部门落地执行。

这些变化均源于对具体业务需求的响应。本质上，过去 BP 可以刚性应用总部的政策，然而当前 BP 需要将这一模型进行本地化调整，构建针对具体业务的模型，并提供定制化的赋能方案。这样的高要求不仅为 BP 的业务发展开辟了新的领域，同时也对其能力提出了更高的挑战。

基于组织 BP 化的原因和演化，大致上可以总结 BP 的主要行为要求如下：

1. 了解业务

BP 既然是和业务有联系，首先做的就是了解业务。业务不了解，还如何做业务部门和后台部门工作的协调？了解业务，就需要了解业务部门究竟是做什么的，它们的工作流程、工作环节是怎样的，并且要知道哪些业务环节和后台部门相关联。

2. 提升业务

在了解了基本的业务之后，就要开始帮助业务做提升。举个简单的例子，了解业务的时候，BP只是帮助业务实现固定职能，但是到了提升业务就要进一步帮助业务提升效能，优化需求，发展质量等。这些操作和第一个层次相比，可以在保证业务的前提下，提升业务效率。

3. 引领业务

业务人员往往关注于眼前的业务，这是他们赖以生存的根基。然而，从宏观环境的角度来看，企业战略需要考虑未来的需求。在企业战略的指导下，BP需要从专业的角度出发，协助业务部门梳理未来所需的专业能力。为了做好充分的准备，需要在当前阶段就开始进行必要的准备和储备工作。

第二节 战略 BP 产生与发展的背景

如前所述，随着人力资源和财务管理领域"BP 化"的作用逐渐得到认可，并且不断发展，整个组织呈现出"BP 化"现象——其他中后台职能部门纷纷尝试"BP 化"，但又没有人力资源、财务管理等职能的普适性，例如供应链部门可能仅在涉及大量硬件品类的业务部门中才显得必要，而在软件业务部门可能并无需求。战略职能除了具备中后台职能的一些特点外，还具有一个显著的特征，即工作内容的弹性较大。

这就会导致不同行业、不同发展阶段的企业，以及不同的创始人或管理团队有着截然不同的认知。因此，在"BP 化"的浪潮中，战略职能展现出多样化的面貌，既有浅尝辄止的遗憾，也有经过长期系统化坚持到最后获得成就的愉悦。

尽管该组织的优化与创新方式是随着时代的大趋势而产生和发展的，但其背后仍有特定的时代背景在推动。这是因为在新时代的竞争环境下，一些显著的特征已经显现出来，下面将列举其中的一些。

从 VUCA 到 BANI

在古希腊哲学家赫拉克利特（约公元前 544—公元前 483 年）的观点中，世界本身是不断变化的，万物皆流，无物常驻。

《道德经》中写道："飘风不终朝，骤雨不终日。孰为此者？天地。天地尚不能久，而况于人乎？"这表明天地人都不能持久保持某个状态，一切都在依照合乎自身发展的方式变化。

古希腊哲学家苏格拉底说："我唯一所知的是我一无所知。"这个"一无所知"是不确定的，因此自知问题没有标准答案的苏格拉底会不断发问，直到找到问题背后的本质。他说："我只是思想的接生婆。"这意味着他是与问题共舞，并通过不断追问来解决问题。

历代智者均指出，变化与不确定性实为现实世界的常态。

然而，在漫长的历史进程中，受限于时空变迁的缓慢性及信息传递手段的原始性，人们一直生活于一种相对"静态"的环境之中，对于"变化"所引发的冲击与恐惧感受并不显著。总体而言，此现象可归纳为以下三个典型特征：

第一系统性：从前提假设出发，经过原理提出、框架设定、结构分析、路径建构以及可能性预测，最终到达结果输出。这一系列过程似乎都能找到相应的理论范式作为支撑，并据此展开情境推演。在此过程中，各个领域的诸多"问题"都能找到解决之道。

第二精确性：始于量化的分析方法，经过精细化分析、精确计算、精准定位、精确制导以及算法掌控等环节，人类似乎已经掌握了"规律"的走向。在这种趋势下，"事物"仿佛完全处于我们的控制之中，通过不断精细化推进，似乎让"问题"似乎已经无处可逃。

第三聚敛性：随着市场的不断纵深发展，资源逐渐集中，信息网络日益密集，话语权也趋向统一。这一切都在有条不紊地自上而下地展开，仿佛已经达到了一种完美状态。然而，在这种表面的繁荣背后，各种"问题"却被伪饰起来，被金钱的诱惑所忽略和遗忘。

随着知识的不断积累、哲学原理的深入探讨以及科学方法的应用，人类逐渐构建了一个充满"确定性"的网络。人类从出生开始，就能够接触到一系列经过验证的知识和体系。如今，"智慧地球"的发展为人类追求更加安逸的生活提供了可能性，但这也在一定程度上削弱了人类的自我反省和创造力。

然而，在当今信息化时代，人类面临着许多急剧的变化。科技的快速发展、全球文化的交融以及个体意识的觉醒，都对人类的生活产生了深远的影响。同时，环境、政治和经济等领域也在经历着深刻的变革。这些变化就像是新世纪与旧时代的交锋博弈，将人类置于一个崭新的时代背景之中。

在"冷战"结束之后，世界多边特征愈发明显，尤其是在应对危险组织的行动方面，相较于以往任何时期，都显得更为复杂和不确定。在这样的背景下，"乌卡"（VUCA）这一术语应运而生。

在商界领域，宝洁公司的首席运营官罗伯特·麦克唐纳（Robert McDonald）率先引入这一概念，用以描述当前商业世界的格局："我们正生活在一个乌卡（VUCA）的世界。"

VUCA 代表 volatility（易变性）、uncertainty（不确定性）、complexity（复杂性）和 ambiguity（模糊性），它描绘了一个充满易变性、不确定性、复杂性和模糊性的世界。

- 易变性：是指事情变化非常快，事件的发生是意想不到的，而且事件的走向充满变数，维持的时间也是未知的。
- 不确定性：是说我们不知道下一步的方向在哪儿，指事件的相关信息不明了，其原因、结果和影响都是不确定的。
- 复杂性：意味着每件事会影响到另外一些事情，指事件与诸多变量有直接或间接的联系，从而难以清晰、全面地分析事件并预测结果。
- 模糊性：表示关系不明确。指事件的因果关系不清晰或是没有可以参考的先例。

为了更深入地理解 VUCA 的概念，以下将通过几个典型的例子来形象地描述其特点。

当我们向空中投掷一块石头时，它的飞行轨迹是相对固定和可预测的。然而，如果我们释放一只鸟，那么它的飞行路径就变得多变和不确定。

在游泳池中捕捉一条静止的鱼相对简单，因为环境稳定且可控。相反，在湍急的河流中试图捕捞一条不断游动的鱼，则显得复杂且充满挑战。

在白天，我们规划自己的活动时通常能够清晰地制订计划。但在夜晚，我们无法控制自己的梦境，它们往往是模糊且不可预测的。

贾梅斯·卡西欧于 2016 年与他人合作共同创造了"BANI"这一概念，并在其文章《面对混乱的时代》中提到了这个词。

"BANI"究竟意味着什么呢？

● 脆弱（brittle）：一种虚假的堡垒，看似坚固的系统，其实很容易崩溃。比如，现代农业的单一栽培由于其低变异性而非常容易受到害虫的影响。

● 焦虑（anxious）：由不断的变化所引起的焦虑。当你觉得变化是一场雪崩，而且没有办法影响它时，这种焦虑可能会导致被动。来自媒体的大量新闻和"虚假信息"也造成这一现象。

● 非线性（nonlinear）：因果关系之间的脱节和不均衡。比如，打猎或吃动物的个人行为与自然环境变化的诱因之间有什么关系？在事物发生的尺度和我们感知的尺度之间有巨大的差异。

● 不可理解（incomprehensible）：过量信息的后果及其通常反直觉的本质，比如人工智能或大数据介入时发生的情况。幸运的是，今天不可理解的事情不一定也是明天不可理解的。

对于 Cascio 而言，VUCA 的概念正逐渐失去其重要性，未能实现其预期目标。当我们被告知一个系统是不稳定或模棱两可时，并未获得任何新的知识。范式的转变要求我们改变语言的使用。

"BANI"这一术语涵盖了不稳定、脆弱、令人惊讶以及混乱的情况。仅仅用"模棱两可"来描述我们对世界的体验是不足够的；更准确地说，我们的体验往往是难以理解的，并可能导致焦虑感的产生。

无论是 VUCA 还是 BANI，它们都反映了当前人们所面临的困境。正如尤瓦尔·赫拉利在《人类简史》中所概括的那样：人类的演化总是在增强群体的力量，但往往使个体陷入更大的困境。每当人类整体的能力大幅增加，看似取得了巨大的成功，但与此同时，个体的痛苦也总是随之增加。

我们讨论的商业世界是这个时代不可或缺的一部分，其承载的功能更为显著和直接地展现了各种特征。

为了更加具体地理解所处的环境，下面将在整体的 VUCA（易变性、不确定性、复杂性和模糊性）和 BANI（脆弱、焦虑、非线性和不可理解）框架下，总结并挑选出几个关键特征和要求，与大家共同探讨。

一、社会分化与再分化引发结构性变化

在一般意义上，社会分化是指原本承担多种功能的社会单位转变为承担单一功能的多个单位，以及各社会单位从地位相同转变为地位相异的现象。社会分化是社会结构系统不断分解为新的社会要素、各种社会关系分割重组最终形成新结构的过程。它不仅包括社会异质性的增加，即群体类别的增多，还包括社会不平等程度的变化，即社会群体间差距的扩大。

社会分化不仅涉及领域的分化和区域的分化，还包括阶层分化、组织分化、利益分化和观念分化。就社会分层而言，在社会不平等程度方面，正从一个三级式阶层结构向三维式阶层结构演变。

当然，社会分化发生在社会的各个领域中，但最重要且起决定性作用的

分化是社会经济领域内的分化，其重要表现就是劳动分工。在社会发展变化过程中，形成了一种建立在分工基础上的社会分化。

赖利夫妇，作为美国的传播学领域的学者，提出了相对更细致和具体化的社会分化理论。该理论主张，受众在接触媒体内容及作出选择时，不仅受到个体差异的影响，还受制于他们在社会结构中的位置；这一社会结构是由性别、年龄、教育程度以及经济收入等因素所划分的社会群体构成的。因此，识别并理解影响社会群体分类的因素对于理解受众关注的信息模式至关重要，这进一步促使不同社会群体展现出大体相似的反应模式。

理论为我们提供了一种归纳现象的解释工具，然而在现实世界中，我们能够深切地感受到社会正在经历的剧烈分化与重组过程。这一过程中不仅包含了经济层面的贫富差距，还涉及网络环境下由信息茧房引发的认知偏差，以及因自然分工而产生的各种社会选择。

以中国为例，基尼系数同样是衡量收入差距的重要指标，被广泛关注。近年来，中国一直致力于调节收入分配，基尼系数总体呈平稳态势。在一些大城市中，通过一系列政策举措，如推动加强社会保障体系建设、实施税收调节等，不断缩小收入差距。根据国内的相关调研，中国的经济学家和社会各界人士也高度重视收入差距问题，认为合理的收入分配是实现经济可持续发展、社会稳定和谐的关键因素之一。

2015年9月，拼多多上线，旨在通过社交电商的方式凝聚更多人的力量，以更低的价格购买到更好的商品，享受更多的实惠和乐趣。拼多多的策略是通过发起和朋友、家人、邻居等的拼团，以更低的价格购买目标商品。其瞄准的是更广大的消费者群体，特别是支付能力有限的消费者，从一些城市中对价格比较敏感的用户入手，利用价格的优势让商品和App信息在他们的社交圈内快速传播。仅仅过了三年，拼多多正式

"登陆"美国市场，市值达到 240 亿美元。2021 年的 GMV（一定时间段内成交总额）达到了惊人的 2.43 万亿，成为屈指可数的电商平台，而在不久之后，被预测到估值将超过国内的头部电商平台。

在网络化条件下的社会分化首先是从集体的有组织的劳动中走出来转向家庭办公、独立操作、个体化劳动等工作空间的分化。这种分化进一步反映到思想观念和价值信念层面上时，个体化的工作方式敏感地引起人们价值观念的变迁。在工业化进程中形成的传统价值体系遭遇了一定的冲击。另一方面互联网催生形成的新媒体具有低门槛性、"草根"性等特点，一定程度上弱化了信息获取的不平等性。它赋予普通民众话语权，一定程度上给弱势、边缘群体提供了表达平台。

但是新媒体并非"理想国"，网络也并非没有规则限制。现实中存在的各种问题影响着人们在虚拟世界中的交往。甚至未来在人工智能、云平台、大数据等技术的推动下，上述问题会在不知不觉中变得更加严重。人们往往觉得自己得到了更多的信息，打破了信息的不对称，实际上是更加"智能"、更加具有迷惑性的信息茧房正在悄然形成，而人们却沉浸在这种"自以为是"的错觉之中。

二、学科交叉与领域跨界已成为推动新一轮发展的必要条件

在全球从工业社会向信息社会的演变过程中，存在一种推动社会转型的力量。这种力量在短期内可能会对现状产生不适应甚至破坏性影响，然而，如果能正确理解和运用这股力量，整个转变过程将显著平缓。

这个内在逻辑映射到实际经济社会中便是随着企业的不断发展，只有不断的跨界融合才能打破现有行业的发展瓶颈；只有不断创新，才能适应越来

越严峻的竞争发展，顺利过渡到社会的新阶段，实现基业的长青。

记得有一位教授在讨论旧思维模式对发展的影响时提到一个大家都很熟悉的话题：为何个别地方缺乏大师级的人物？他认为，这是由于这些地方沿袭了工业乃至农业社会的学科分类逻辑，其边界被严格划分，同时将科技视为一种泛化的、工具性的存在。因此，陷入了一个困境——技术的熟练度无法超越人文的局限。

关于此观点，我亦深感赞同。然而，该现象是全球普遍存在的挑战。尽管不同地区在发展进程中所处的阶段可能存在细微差异，但若细致体察，便可发现其内在联系与共通之处。

在学科发展的历程中，当达到一定程度后，常会遭遇难以突破的知识壁垒。这种壁垒在更为成熟的学科领域表现得尤为显著。此时，较为成熟的学科往往会向相对欠发达的学科领域渗透。从经济学视角分析，资源（包括人力、财力及物力）向较低发展阶段的学科流动与跨领域合作，能够实现知识产出的边际递增效应。换言之，在知识层次较低的领域中，原有资源更易取得显著成果，从而引发广泛的知识交流与跨学科合作现象，这也正是学科交叉现象产生的内在动力机制。

随着知识层次较低的学科因成熟学科的介入而迅速发展，整体知识梯度得以提升，这一进程反过来又将促进原先处于领先地位的学科进一步发展，助力其跨越既有障碍。这种正向反馈循环不断重复，最终在宏观层面呈现出科技进步的趋势。

在科学史册中，奥地利物理学家埃尔温·薛定谔于 1926 年提出了量子波动力学理论，并于 1933 年荣获诺贝尔物理学奖。从学科势能的角度分析，当时物理学已是知识势能的顶峰，实现进一步的重大突破颇具挑战；相较之下，生物学尚处于势能较低的阶段。因此，薛定谔的研究兴趣转向了生命科学领域，并在 1943 年出版了《生命是什么》一书，该书直接运用物理学的视角阐释生命现象。这一典型的学科跨界行为——即从高势能学科向低势能学科的转换，促使了一批物理学家转而投身于生命科学研究，为分子生物学的发展奠定了基石。

学科交叉作为科学发展的必然趋势，其通过制度安排加速发展是合理的。这一现象并非新事物，而是有着多年历史。据学者研究，自然科学领域的学科交叉可追溯至 20 世纪中叶，而社会科学领域则更早，大约始于第一次世界大战末期至 20 世纪 30 年代，其间大量自然科学方法被引入社会科学。从学科交叉的发展历程来看，其动力主要源自两个方面：一是外源性动力，源于社会实际问题（社会需求）及高校履行社会责任（服务社会）的持续推动；二是内源性动力，来自学科内部对新知识的追求。

在现实世界中，学科交叉是多种力量共同作用的结果。随着全球化时代竞争的加剧，学科交叉的步伐正在加快，外源性动力逐渐超过内源性动力，这主要是因为社会面临的问题日益复杂，单个学科难以独立解决，从而推动了学科交叉进程的加速和扩展。

通常，交叉学科的呈现路径可以分为两种：一种是学科的自然演化路径（渐进），另一种是人为设计路径（激进）。前者是学科发展到一定阶段的必然产物，而后者则是社会为了实现某些特定的目标，通过制度安排主动设计的结果。对于自然演化模式的学科交叉现象来说，学科的发展通常会经历如下的发展阶段：专业化—碎片化—混杂化。一旦学科完成专业化，也就意味着它有了具体的研究范畴、方法、手段与概念。随着专业化的深入发展，知识的碎片化现象逐渐显现。在此基础上，原有学科的知识开始越界并渗透到其他领域，从而产生了学科交叉现象。

在科学发展的历程中，交叉学科的确立不仅丰富了知识体系，也促进了新知识的产生。随着专业化程度的提升和领域的细分，学者们在各自专业的边缘相遇的机会增多，推动了多学科间的交流与合作。这种趋势使得几乎所有领域都涉及两门以上的学科交叉。

当前时代的变革对我国科技体系的构建具有深远影响：交叉学科正式成为国民教育体系中的一部分，这不仅意味着可以建立相关专业、招生、授予学位、进行成果认定和职称评审等制度安排，而且赋予了这些安排合法性。此外，基金的独立设置为新兴交叉学科提供了稳定的经费支持，这对于任何学科的发展都是至关重要的。客观而言，这轮变革在制度安排和资源配置方面几乎一步到位。这反映出国家在复杂多变的国际形势下，为加快科技发展和突破关键技术限制所采取的积极措施。交叉学科的设立和推进正是这种努力和决心的明显体现。

三、从竞争协作到生态建设，是每个组织必须面对的重要议题

与基于价值链模型的商业模式不同，生态圈商业模式将重心从企业内部转向外部，从经营自身能力、资源转向利用价值平台相关企业的能力、资源，从而具备轻、不可模仿和放大效应三个特征。具体内容如下：

1. 生态圈商业模式的第一个特征是具备"轻"

这指的是生态圈模式突破了成员通过内部扩大投入、缩减成本、提高效率等方式提升核心竞争力的模式，而代之以平台为基础，利用自身能力撬动生态圈，借助合作伙伴的资源／能力创造价值。

在价值链模式中，价值按链条中的不同环节进行分配，任何一个环节的利得都意味着其他环节的损失，这使得价值链主导企业有动力进行整合，将更多业务纳入自己掌握。在这一模式中，所有能力都来源于企业内部，需要不断增加投入，导致企业资产越来越重。

而在生态圈模式中，价值是被持续创造的。主导企业与其费尽心力整合内部资源、能力，不如考虑如何扩大平台，吸引更多伙伴加入生态圈。同时，生态圈的价值创造是多元化的，每个伙伴都依赖其能力为系统贡献不同价值，能力上的错位也使整合的可行性大为降低。这两个因素使生态圈成员的战略着眼点从整合—价值分割转向共享—价值创造。突破整合的限制也使企业无须再进行重资产投入，全面培养自身能力，更加关注如何与系统内其他成员相互配合，利用不同成员各自的能力撬动价值。

2. 生态圈商业模式的第二个特征是其独特的不可模仿和不可复制性

首先，生态圈之所以难以被模仿，是因为其核心竞争力已经从企业内部转移到了网络中，由单一方向转变为多方面。普拉哈拉德（C.K.Prahalad）教授在提出"核心竞争力"这一概念时，强调了公司超越竞争对手的能力集合即为核心竞争力，由于其独特的组合方式，使得这种核心竞争力难以被复制。然而，生态圈是由多个具有不同能力和定位的企业组成的，其形成的方式比一家企业的内部组织更为复杂。因此，可以将生态圈的核心竞争力视为所有成员企业的核心竞争力的综合体，这种复杂性从根本上决定了生态圈的不可复制性。

其次，生态圈的多元化和开放性特征使其具备超越价值链系统的吸纳能力，可以容纳更多的公司加入这一系统，而随着系统的不断扩大，其竞争力也会相应增强。这使后起者在试图复制生态圈时，会面临缺乏合伙伙伴的窘境。

3. 生态圈模式的第三个特征在于其放大效应

生态圈创造了一个价值平台，使成员能够利用这一平台来提高自己的业绩。如微软生态圈中有的企业向其他软件公司提供软件工具和技术，使它们能够为 Windows 系统开发软件。这使平台所能够创造的价值远远超过了微软一家公司所能够创造的价值。

通过生态圈内部的整合，这种价值创造还会被进一步放大。这种超越依赖企业自身能力、资源的模式，使生态圈的优势会随着伙伴的不断增加而增长，而参与的各方，也可以通过利用平台的优势，借助其他成员的能力、资源而获取业绩增长。

随着更多企业和组织认识到生态圈模式的巨大优势，其必将重新塑造未来的商业格局，未来商业将进入生态圈的竞争。

四、在当今时代，专注力或许已成为一种极其稀缺的资源

您是否经常遭遇这样的情境：每日晨起之际，便无预警地沉溺于浩瀚如海的信息之中？

互联网带来的资讯风暴无处不在，侵占了所有电子界面，渗透至生活的各个角落，消耗着您的精神力量，将您的时间分割成碎片……

您是否已在无意识中将回复电子邮件视为每天的首要之事？

将社交圈的文章作为日常阅读的必选内容？

将不断响起的通知铃声作为切换工作的信号？

看似在不懈追求更多美好之物，然而您的体验却逐渐变得浅薄、稀散，且更易陷入低效、乏味与焦虑的状态，因为有一种宝贵的心理资源正在悄然流逝——那便是专注力。

1. 专注力是一种心理机制

认知心理学领域的专家指出，专注力是一种心理机制，它涉及将个体的意识集中于某一特定对象。鉴于人脑的信息处理能力受限（仅能处理大约 126 bit/s 的信息量），我们不得不选择性地聚焦于某些信息，同时忽略其他信息。

一项由盖洛普机构进行的民意调查显示，在美国的职场人士中，全身心投入工作的比例不足三成，这一现象给经济带来的损失高达数万亿美元。

美国加州大学欧文分校的一位教授在研究中发现，企业员工在日常工作中平均每 3 分 5 秒便会遭遇一次干扰，而他们重返工作状态所需的时间约为 25 分钟。

这一问题在儿童和青少年群体中尤为突出，许多儿童被诊断出患有注意力缺陷多动障碍（ADHD），这不仅给他们的学习带来了障碍，也使他们的家长感到极度焦虑。

说到专注力，就不得不提到福流（flow，又称心流）这个概念，这是积极心理学家们潜心研究半个世纪所得到的成果。福流之父米哈里·契克森米哈赖（Mihaly Csikszentmihalyi）教授在谈及专注力时指出："对意识的掌控能力决定了生活的质量。"

福流鼻祖契克森米哈赖教授历时 25 年，采访了来自世界各地各行各业的上万个人，发现他们普遍拥有一种积极投入的状态，身处这种状态中，他们高度专注，感受到极大的乐趣和喜悦。这种状态不仅带给他们兴奋感，也会带来极高的效率和成就。

福流是一种高度专注、浑然忘我的体验，它指的是一种全然沉浸于所做之事的忘我状态。在这种状态下，你会完全意识不到时间的流逝，过程中的每个瞬间都是对你的奖励，让人向往。

但现在大部分人自身内在的专注力出了问题，太容易受到干扰，陷入焦虑之中了，以至于难以持续专注于当下的任何任务。

没有专注力这块内在的基石，再好的活动设计也难以让人投入其中，享受到乐趣和成长。

你的专注力在很大程度上决定了你的情况。那么，如果我们懂得运用自己的专注力，就可以选择去看到更多美好的现实，包括对于过去美好回忆的品位，对于当下美好事情的觉察，以及对于未来美好事情的想象。

2. 战略定力

从企业角度来说，专注力有一个专属名词："战略定力"。

在探讨人类行为的复杂性时，我们不得不提及一个哲学上广为人知的概念：世界上最远的距离，便是知与行之间的距离。为何会如此？这背后的原因涉及人的内在生命系统的二元结构——即大脑系统与心灵系统的相互作用。

首先，大脑系统承担着主导分析的职能，它不断地产生各种念头，呈现出不断变化的特性。这种变化不定的本质导致了思维的散乱，从而主导了人的"知晓"。相对而言，心灵则是最为真实的部分，它是个体所有行为的原动力，并且展现出相对稳定的性质，主导着人的"行动"。当大脑与心灵达到统一时，知识与实践便能够和谐一致；反之，当二者背离时，人们便会陷入知晓却无法实践的困境。

这一理念有助于解释，为何许多企业领导者尽管参加了众多战略课程并理解聚焦战略的重要性，却仍旧易受外界诱惑的影响。原因在于他们内心的本质始终未发生改变，即追求快速的成功率和盈利速度，其行为模式围绕"急功近利"展开。因此，无论多么正确的经营方法论都无法转变他们的惯性行为。

战略定力之所以成为世界级难题，其根源在于人性因素。而人性背后是一个民族的文化信仰驱动。一个国家能够在全球占据领导地位，除了其强大的军事力量之外，更重要的是因为该国涌现出了大量世界级的企业家。他们以坚定的信念领导着世界，比如创立一个公司的初衷并非仅为谋生，而是旨在改变世界，打造人类信息时代的工具枢纽。因为看到，所以得到。企业家群体的心中应该有远大梦想和文化信仰，而非土豪式的追求。

战略定力必定是优秀企业家所具备的稀缺品质。他们可以倾十年、二十年之力在一个领域耕耘，目光长远，坚持长期主义，奉行超长期战略，为社会和民族创造巨大价值。

战略定力能成就"专家型品牌"。尤其是通过长期的经营和宣传，在顾客心智中成为"第一选择",获得最多的顾客信任投票。品牌溢价能力必定是行业第一。然而,这个第一并非广告喊出来的第一,而是企业长期价值输出铸就的第一。这就是我们长期宣传的"时间友好型品牌"经营理念,让品牌价值与时间正相关,时间越长,品牌越值钱。

在这里,很多人可能会产生疑惑:尽管"战略定力"展现了企业对于专注与专业的追求,然而仍有诸多企业在"多元化"经营或"转型"过程中取得了成功。这并不矛盾——这些成功的案例要么源于其主业已经稳固且具有明显优势,资源充足以支持其他业务的发展;要么是因为主业在长期发展预测中被认为不具备可持续性。

正如企业在制定战略时必须解答的第一个战略问题:为什么不聚焦?首先,是否因为所处行业的成长已达到极限,即市场份额已经超过 50%?其次,是否由于行业内已有强大的竞争对手而难以逾越吗?再次,是否预见到所在行业在未来十年将成为衰退的产业?若非以上所述的"空间太窄、竞争阻隔、顾客抛弃"三个因素,企业没有理由不聚焦主业。因此,失去战略定力而转向多元化的根本原因仅有一个:"贪婪"(对短期利益的追逐)。

五、创新,作为一种基础能力

创新或者可以这么说:以现有的思维模式提出有别于常规或常人思路的见解为导向,利用现有的知识和物质,在特定的环境中,本着理想化需要或为满足社会需求,而改进或创造新的事物、方法、元素、路径、环境,并能获得一定有益效果的行为。

另一种表述方式是:为了满足发展的需求,人们运用已知的信息,不断突破常规,发现或产生具有社会价值或个人价值的新颖、独特的新事物和新思想。创新的本质在于突破,即打破旧有的思维定式和常规戒律。创新活动的核心是"新"，这可能涉及产品结构、性能和外部特征的变革，或者是造型设计、内容表现形式和手段的创新，或者是内容的丰富和完善。

从哲学的角度来看，创新是人类的实践行为，是对发现的再创造，是对物质世界矛盾的再创造。人类通过物质世界的再创造，制造新的矛盾关系，形成新的物质形态，这是利用已存在的自然资源或社会要素创造新的矛盾共同体的人类行为。

从普遍接受的观念出发，创新是推动人类社会向前发展的重要力量。

对一个国家来说，创新是民族进步的灵魂，是一个国家繁荣昌盛的不竭动力。创新已经成为世界主要国家发展战略的重心。在激烈的国际竞争中，唯创新者进，唯创新者强，唯创新者胜。尽管日本和韩国的技术在某些领域可能比欧美落后，但是它们仍被视为具有创新潜能的国家，其经济发展成果受到广泛认可。

对个人来说创新是一个人在工作乃至事业上永葆生机和活力的源泉。具体而言，创新决定着一个人的发展前途、事业高低、勇气谋略。

而对于企业组织来说，创新同样在很大程度上决定公司发展方向、发展规模、发展速度。企业创新的内容几乎包括了企业系统的每一个层面，当然作为企业高层来决策的创新项目来说，则只涉及与企业的生存、发展相关的重大问题。

企业创新涉及内容十分广泛，具体具备的能力如下：

（1）有组织创新能力。任何组织机构，经过合理地设计并实施后，都不是一成不变的。它们如同生物的机体一样，必须随着外部环境和内部条件的变化而不断地进行调整和变革，才能顺利地成长、发展，避免老化和死亡。

（2）有技术创新能力。以创造新技术为目的的创新或以科学技术知识及其创造的资源为基础的创新，前者如创造一种新的激光技术，后者如以现有的激光技术为基础开发一种新产品或新服务。

（3）有管理创新能力。经济学家约瑟夫·熊彼特于1912年首次提出了"创新"的概念。创新是指以独特的方式综合各种思想或在各种思想之间建立起独特的联系这样一种能力。能激发创造力的组织，可以不断地开发出做事的新方式以及解决问题的新办法。

战略是以未来为主导，与环境相联系，以现实为基础，对企业发展的策划、规划，它研究的是企业的明天。对此来说，创新尤其重要，它是一个企业可持续发展的不竭动力。

六、企业快速反应能力推动组织裂变和演化

无论我们认为当今处于时代的关键字是 VUCA 还是 BANI，其表现为市场信息瞬息万变，市场先机稍纵即逝。企业要在其中生存，唯一的办法就是"以变制变"，因此速度成为企业取胜的关键因素之一。

企业快速反应能力是基于时间的一种竞争，是企业敏感性及敏捷性的体现，是一种提高企业效率、培育企业竞争优势、选择企业竞争战略的方法论。快速反应是企业在竞争激烈、变化迅速且不可预测的市场竞争中以顾客为导向的主动而快速的反应，是衡量企业应对市场变化能力的一个重要标志。企业将"时间"作为建立自身竞争优势的价值源泉，所有的活动都与顾客的需求和行为步调保持一致，通过缩短产品开发、生产制造、销售配送等时间长度及减少它们的波动幅度来参与竞争，以此获得在不确定的市场环境中具有确定性的发展。

企业战略是基于其所处的外界环境和内部资源状况而制定的，对企业的发展具有全局性、长远性和方向性的影响。外部环境不可预测、市场不断变化，所以企业的战略除了底层逻辑保持定性外，基于市场环境变化的部分也需要不断地调整以适应新环境。企业成长过程也正是公司战略不断变革的过

程。相比全局性、长远性和方向性而言，现在企业战略更强调战略弹性，用以适应市场的变化，因此，提升企业的市场应变能力是企业未来必须具备的一种核心能力。具体内容如下：

1. 提升企业内部快速反应能力

企业内部快速反应能力，不是某一个或某几个环节，而是从客户需求出发，在研发、制造、销售等各个环节上建立起来的。各环节相互配合、共同改善，形成一致的合力，共同提高企业的快速反应能力。

企业营销要向前延伸，要发挥市场部门的职能，加大对市场的调研、分析和判断。过去，这些工作主要是由销售部门完成，市场部门做一些策划、宣传工作；现在，相关工作建议由市场部门会同销售部门共同完成，并要根据外部环境变化快速研判市场、了解客户需求和潜在的需求，快速产品设计、营销规划、采购生产、销售发货及催收货款。如因市场信息滞后，其他企业产品已经上市了，自己还在纠结到底要不要上就晚了。

2. 提升企业外部快速反应能力

企业外部快速反应能力，不是企业价值链上单一环节的行为，而是以企业市场营销为首的所有价值链环节的联动行为，要求整个价值链上所耗用的总体时间最少。因此在价值链各个环节中，各个价值环节的支持活动和基本活动，在实现各自良好管理和快速反应的同时，也要从企业的总体出发，彼此间及时分享数据信息、产销计划，强化价值链各环节之间同步协同，减少摩擦，形成一条相互协作、彼此兼顾、无缝对接的价值链，为的是缩短生产周期，提升价值链的总体响应能力。

在此之下，快速反应能力蜕变催生了新机会的捕捉，产生了一个新的现象：公司组织的裂变（spin off / spin out），它指的是从现有组织（母公司）中形成或诞生新企业（裂变新创企业）的过程。

这里有个耳熟能详的故事：多年前有一位张姓男子，出身平凡，家境普通，准备开个饭馆养家糊口。可惜自己厨艺不佳，本钱也不够，于是招来几位朋友合伙，开了个火锅店。火锅店其实真正开火的是吃客，店主只要备好食材、汤底料和宾至如归的服务就够了。由于食材新鲜、多样，汤底料足、味浓，微笑真诚、善良，火锅店生意日趋兴旺，供不应求。于是一家火锅店就扩张出又一家。这个火锅店从南开到了北，从西开到了东，在全国遍地开花，变成了一家颇具规模的公司。读到这里，你大概已经认出来了，这就是海底捞。

之后每一家新开的店与老店面目相似，只是复制而已。但有意思的是，因为火锅店数量越来越多，需要供应的汤底料的数量也越来越大，公司负责生产汤底料的部门就得不断扩大，大到只要多走一步，即走出海底捞。走到所有需要汤底料的客户中去的话，其需求量就需要一个公司来支撑了。于是这个部门独立，注册了一家公司，只把海底捞看成其客户之一（可能是最大的客户），同时服务全社会的任何客户。这是为什么我们在超市就能买到海底捞火锅底料，这个公司于 2018 年在港交所上市。

再说火锅食材，最基本的就是牛羊肉片。既然现在每天需要的牛羊肉数量达几万吨，何不自己开设牧场自产牛羊呢？而且自己放牧的牛羊可以保证其质量（饲料和放养），除了供应自家店，还可以供应全国其他的火锅店或者超市。就这样，又一个新的公司诞生了，位于海底捞火锅食材供应链的底端。

当然，海底捞从一家店开始，至今扩张至近千家店，在复制每一家新店的过程中，牵涉方方面面的工作。不仅是店面的设计、厨房的器具流程等硬件设施，还有员工的招聘、培训、激励、考核等种种程序。要使每一家店都复制成功，必须充分掌握一套成功的"公式"才行。经过多年的摸索、修正、尝试，这一套"公式"日趋完善，这也是海底捞在2019 年能够平均每 1.2 天开一家门店的秘诀所在。既然这一套"公式"对其有效，它是否也能够帮助其他餐饮公司开业成功呢？

这样，这个原本只为海底捞服务的部门也可以成为一个独立的公司，为所有有此需求的客户提供服务。这个新公司就是微海咨询。

成功的公司裂变常常是有机的（organic），基于市场需要自然产生。其创始人说自己从来不是有意识地去推进公司裂变。恰恰相反，大多数情况下都是快速反应后的水到渠成。也正因为此，海底捞不再只是家火锅店，而是一个助力火锅餐饮和其他餐饮发展的完整生态系统。

另一个故事的主角姓刘，以前家境贫寒，而且他最亲的外婆多年有病卧床，无钱医治。为了摆脱贫困，给外婆治病，他在大学毕业后就决定摆摊挣钱。从中关村的一个电子商品铺子起家，他坚持只卖正品行货，慢慢做出声誉，把铺子越做越大、越多，出售的商品数量、品种也不断增加，直到后来面临绝境，选择上网推销，迈出了线上零售的第一步。没想到民众从网上购物的习惯从此养成，并愈演愈烈，促成了该公司的发展壮大，成为中国的最大电商之一。这家公司就是京东，其当时的商业模式主要是通过自己的互联网平台，连接生产厂家和用户（B2C），降低二者之间的交易成本，提高交易效率。

进一步为了把公司本身的运营基础打结实，京东在提高交易效率为客户创造价值上可谓做到极致。就说物流，虽然大多数电商都把送货这一块外包给物流公司，但其间所损耗的效益（包裹的经手数量）不计其数。为了减少社会劳动的浪费，京东自建物流体系，来保证自己平台上的货物既快又好地送到客户手中。随着这支队伍不断扩大，其可以受理业务的程度已经超过京东的需求量，意味着它可以独立出来运作，把京东看成自己的客户之一（也许是最大的客户），而把该服务提供给所有有此需求的客户。这样，京东物流这个公司就诞生了。

再说货物的仓储和配送，公司使用了几百万个机器人来提高精准度和效率，在产业数字化和 AI 领域积累了丰富的经验。基于此诞生的京东数科以数据和技术为最大公约数，重塑产业流程和决策机制，实现产业效率的提升和成本结构的改变。降低行业成本、提高行业效率、提升用户体验并升级产业模式，京东数科自独立以来，已经深入金融机构数字化解决方案、商户与企业数字化解决方案、政府及其他客户数字化解决方案几个领域，开启了自己独特的生命旅程。

如果说京东上面这两个裂变出来的公司与海底捞的裂变方式有相似之处的话，那就是它们都是从原先业务流程上延展出来的。这当然是一种相当可靠的公司生公司模式。同理，京东的管理也是赋能型的，即给部门负责人很大的自主权去策划运营，其 Big Boss 的积木型组织架构（京东自我摸索出的一套管理体系，核心的理念就是将每一个细小的业务单元都视为一个经营实体，每一个实体的管理者都是一个真正的 boss）就是这个理念的体现。

在母公司的平台上裂变新公司当然还有其他途径。比如海底捞最近开了一些面馆。这些面馆利用海底捞已经建立的供应链（从食材、酱料、厨房设备、餐厅设计到人员招聘培训等），可以把成本控制到行业低，服务做到行业更好。当这些面馆形成一定规模和气候之后，也许一个新的独立公司又可以诞生了。

类似京东平台上出售几百万种货品。把任何一个类型的货品拿出来，比如医药产品，其涵盖的品种又多如牛毛。当然，作为电商平台的京东大药房，每一个用户的详尽数字化资料都尽在手中，因此，其实京东掌握了一些人们的健康数据（起码样本足够大且具代表性）。在积累了数年之后，京东决定把医生看病诊断、配药、后续跟进咨询全部整合到一个新的网络平台上，这样就诞生了"京东健康"这个崭新的独立公司。同理，按照这个思路延展开，我们可以聚焦任何一个或一类产品，比如手提电脑，从客户购买数据出发，然后整合前端（电脑设计、制造等），中端（交易购买、速递），后端（维修、咨询等）的资源，一个新的"京东电脑"公司也许就诞生了。依此类推，公司裂变可以是一个无止境的过程。

第三节　战略 BP 职能描述

组织 BP 化顺应了时代的发展而产生，战略 BP 继而也被业务不断裂变的组织所看重，但我们又遇到了关于如何定义"战略 BP"的问题，就如理论界尝试着为"战略"进行定义时一样，"战略"内涵的弹性决定了"战略BP"定义的复杂度与众口难调，甚至学界都未有对此的讨论，更不要说共识了。

我们来看一下对"战略 BP"有需求的企业是如何描述其职责的？

（注：信息来自 2023 年各大招聘网站企业实际发布的职位描述，具体企业名称已隐去）

案例1　某新兴头部互联网公司

（1）对 ×××（某行业客户）所在行业（××、×××、×× 等行业品类）开展深度分析，持续跟踪数字营销领域前沿趋势，支持商业化关键业务决策。

关键字：行业分析、商业分析及决策支持。

（2）深入了解业务发展方向，诊断业务问题，输出战略层面策略方案。

关键字：诊断业务问题、输出战略层策略。

（3）统筹策略、政策的落地执行，推进各相关团队沟通协作。

关键字：统筹执行、推进协作。

（4）洞察业务数据，监控进度并进行分析，把控业务风险。

关键字：**数据分析**。

（5）结合业务线资源和成本的使用情况，引导业务健康、高效发展。

关键字：**资源和成本使用**。

案例2 某新兴头部互联网企业（同上）

（1）支持×××垂类业务的战略工作，包括行业分析、战略规划、业务策略、产品策略等。

关键字：**支持业务侧战略工作**。

（2）深度研究×××媒体行业，对行业趋势、业务推演建立详尽的认知体系，探索新的商业机会。

关键字：**探索商业机会**。

（3）根据业务现状结合内外部竞争环境，制定业务策略，并且推进策略落地。

关键字：**制定并推进业务策略**。

（4）与业务方紧密合作，推进高优项目跨部门的合作。

关键字：**推进合作**。

案例3 某头部新能源汽车企业

（1）与支持的部门负责人并肩工作，确保战略目标的达成。

关键字：**支持业务战略目标达成**。

（2）负责战略运营，包括战略规划与运营、OKR运营、集成产品开发流程运营等。

关键字：**负责战略运营**。

（3）负责公司级战略项目的落地执行。

关键字：负责战略落地。

案例4 某头部互联网科技企业

（1）基于公司×××××业务的战略和发展，结合海内外先进经验，搭建公司整体的战略管理体系，包含但不限于战略方法论的沉淀、战略管理和流程的搭建、战略组织能力的设计。

关键字：搭建战略管理体系。

（2）通过白皮书撰写和发布、内部宣贯和培训、落地管控和监督机制建设等方式，确保战略管理体系的上下贯穿和实操落地。

关键字：确保战略落地。

（3）能够通过战略管理体系，对公司宏观战略发展方向、业务组合和资源分配等重大战略议题，为公司管理层提供战略建议和可落地的路径。

关键字：战略建议、路径提供。

（4）基于公司移动互联网业务的战略和发展，对顶层 OKR 进行拆解，确保战略可执行可落地。

关键字：战略分解。

案例5 某大型建筑集团企业

（1）根据战略需求从事战略规划，协助事业部总经理进行战略制定、解码，并推进战略项目落地。

关键字：协助业务战略规划及管理。

（2）定期输出事业部经营分析，辅导决策。

关键字：输出经营分析、辅导决策。

（3）跟踪、督促、协调总经理办公会等会议重大决议，保证决议按时、高质量地落实。

关键字：推动关键决策落地。

案例6　某新兴数据智能企业

（1）协助完成公司业务线从战略规划、业务设计到推动落地，包括但不限于发展规划、业务策略、人财物资源分布和配置、流程地图和系统业务功能规划。

关键字：协助业务线战略管理。

（2）深度理解公司体验及服务发展的战略，研究分析业界标杆，为产品的体验升级提出有效建议。

关键字：行业标杆分析、提出建议。

（3）深度理解国内外客户服务体系，从服务对象、服务内容／标准、服务渠道、运营支撑角度实现最佳匹配。

关键字：同上。

（4）改进升级产品效能，对规划落实中的问题提出解决方案。

关键字：改进效能、提出问题解决方案。

（5）通过规划设计、跨部门协作，最终不断提升用户体验。

关键字：推动跨部门协作。

案例7　某跨界互联网垂直领域企业

（1）负责战略连接和落地，深入理解公司业务，建立工作机制、沟通机制和协作机制等，推动各条线达成目标。

关键字：负责推动战略落地，支持业务目标达成。

（2）负责对战略落地相关的关键项目掌控进度、推动沟通、协调资源、预判风险，保障项目按照计划有序推进。

关键字：负责战略项目落地。

案例8 某知名网络游戏企业

（1）聚焦于××行业，开展深度分析和研究，对行业发展趋势做出判断，支持制定业务战略规划，形成落地策略。

关键字：行业分析、支持业务、战略规划。

（2）与项目负责人及项目核心成员共同合作、推进项目落地及长期提供策略支持。

关键字：合作推动项目落地、策略支持。

（3）开展竞品调研和数据分析工作，为业务策略迭代提供支持。

关键字：竞品分析、数据分析、策略支持。

案例9 某酒业上市企业

（1）研究消费者、新产品、新市场的内外部环境变化及板块趋势，对行业趋势和机会形成判断和建议以及深度洞察，帮助公司进行判断输出和战略规划，同时持续对企业级对标系追踪，输出定期研究报告。

关键字：行业分析、支持战略规划、负责对标研究。

（2）参与公司战略规划的研究与制定，帮助制定公司整体未来发展方向战略，分解落实战略规划，帮助拆解与制定核心部门考核指标，分析和评估战略实施效果，支持管理层进行战略迭代。

关键字：参与集团战略管理体系执行。

（3）汇总和分析各部门及业务单位重要运营数据以及销售表现，配合公司战略落地或专项调研进行必要的经营分析、运营数据分析，定期制定相应总结汇报文件，为管理层提供决策支持。

关键字：经营分析、决策建议。

（4）品牌战略制定到落地执行的定期追踪、落地赋能、定期复盘，品牌核心项目管理跟进和监控，保证全年战略的充分执行和目标完成。

关键字：保证战略落地。

（5）负责对公司项目及外部合作进行调研分析，跟踪项目的执行进展、业务发展等。

关键字：负责项目调研、跟踪执行。

（6）完成公司和上级领导交办的其他事务。

案例 10 某计算机软件上市企业

（1）战略计划分解：协助各业务板块对战略进行计划分解、KPI方案设计，推动公司各事业部层层分解、落实任务目标。

关键字：协助战略分解、推动落地。

（2）参与预算管理：参与公司年度预算的统筹及各事业部的预算沟通工作，并定期追踪检视预算进度，确保目标分解与资源合理匹配。

关键字：参与预算管理、推动资源配置。

（3）内部经营追踪：深入了解公司各事业部的业务模式及经营实况，通过经营信息、业财数据等多维分析，追踪公司整体/各事业部经营动态，预测、预警业绩达成情况，及时发现问题、分析问题，并帮助和推动业务解决问题。

关键字：经营分析、推动问题解决。

（4）外部行业研究：对市场、行业保持高度敏感性，与业务密切联系，扫描市场竞品信息及数据，进行业务对标分析，并提出合理化建议。

关键字：行业分析。

下面把上述十个具有代表性的"战略 BP"职能描述案例进行归纳，具体内容见表 1-1。

表 1-1 "战略 BP"职能描述

序号	案例所属企业	职能关键字
1	某新兴头部互联网企业	• 行业分析、商业分析及决策支持 • 诊断业务问题、输出战略层策略 • 统筹执行、推进协作 • 数据分析 • 资源和成本使用
2	某新兴头部互联网企业（同上）	• 支持业务侧战略工作 • 探索商业机会 • 制定并推进业务策略 • 推进合作
3	某头部新能源汽车企业	• 支持业务战略目标达成 • 负责战略运营 • 负责战略落地
4	某头部互联网科技企业	• 搭建战略管理体系 • 确保战略落地 • 战略建议、路径提供 • 战略分解
5	某大型建筑集团企业	• 协助业务战略规划及管理 • 输出经营分析、辅导决策 • 推动关键决策落地
6	某新兴数据智能企业	• 协助业务线战略管理 • 行业标杆分析、提出建议 • 改进效能、提出问题解决方案 • 推动跨部门协作
7	某跨界互联网垂直领域企业	• 负责推动战略落地，支持业务目标达成 • 负责战略项目落地

序号	案例所属企业	职能关键字
8	某知名网络游戏企业	• 行业分析、支持业务战略规划 • 合作推动项目落地、策略支持 • 竞品分析、数据分析、策略支持
9	某酒业上市企业	• 行业分析、支持战略规划、负责对标研究 • 参与集团战略管理体系执行 • 经营分析、决策建议 • 保证战略落地 • 负责项目调研、跟踪执行
10	某计算机软件上市企业	• 协助战略分解、推动落地 • 参与预算管理、推动资源配置 • 经营分析、推动问题解决 • 行业分析

结合实际，可以进一步归纳出"战略 BP"的主要职能，具体分成以下三个部分：

第一是负责分析类工作，按分析对象的颗粒度大小可以有行业分析、商业分析、数据分析、竞品分析、标杆分析等。里边既有包含的，比如商业分析里必然含有数据分析，也有相交的，比如竞品分析和标杆分析。其中如行业分析、商业分析等工作内容大部分案例都有要求，而竞品分析、标杆分析等在部分案例中凸显出来，但总体来说，没有脱离广义的战略分析范畴。但我们还发现了有企业要求战略 BP 需要负责经营分析，这实际上属于经营管理方面的职能，从中也显示了不同企业对于战略 BP 这个职能"个性化"的看法和要求，对于职能的边界暂时没有定论。

第二是辅助决策类工作，主要通过研究、分析工作，开展策略支持，形成对问题的解决建议和对未来发展的建设性意见。这类工作基本所有案例都有提及，并且语言表述，介入程度的要求大同小异，基本形成共识。

第三是支持战略管理类工作，从战略设计、规划、分解、执行、评估等体系完整闭环上，不同企业要求不同，一般是参与集团战略制定，支持业务侧战略设计、分解等工作，负责协调，推动战略项目的落地。当然也可能只参与或者支持某环节。

至此，我们对战略 BP 应该做些什么有了一个大概的认识，可以尝试进行定义：**具有战略职能的工作人员，一方面，深入业务或职能（更多是独立经营的业务），承担支持该独立经营体既符合整体战略框架，又具有本体特征的发展路径相关分析与辅助决策工作，推动实现设定目标；另一方面，通过洞察业务、市场与客户，挖掘与分析问题，反向牵引集团（总部）战略工作的有效性。**

第四节　战略 BP 以思考分析为核心

一、与传统 BP 机制不同

在传统的 BP 机制中，总部有 COE（专家中心）、SSC（共享服务中心），前者负责战略与业务的衔接及重大课题的专业性公关，后者负责相关职能共性的事务性操作，比如在人力资源领域，前者可能负责与整体战略衔接的人力战略与政策，也可能是全公司的任职资格梳理这样的重大课题；而后者可能负责新员工入职、薪酬证明、离职证明等操作。而 BP 人员负责在业务单元执行 COE 制定的、经过公司同意的政策落地，也有配合业务发展的专业资源管理，更有甚者通过工作，挖掘问题，形成课题，拉动 COE 资源形成方案。在人力资源领域，业务单元负责贯彻政策和原则，并协助业务负责人找到合适的人员完成既定目标，发现发展过程中的瓶颈，牵引更多的资源去系统解决。

在业界，整体机制常被形象地比喻为"三支柱"，这一比喻源于其给人的第一印象——稳固性。这种稳固性的认知源自我们从小接受的一个几何公理：三角形结构具有极高的稳定性。然而，实际上，所谓的"三支柱"机制所发挥的作用与直观上的"稳固"并无直接关联。这种认知仅仅是因为我们沉浸在知识的"舒适区"中，从而感到"安全"和"安心"。

然而，当前战略 BP（业务伙伴）的机制却颠覆了这种传统的认识——至少在我看来是这样。在战略层面，并不存在所谓的"三支柱"结构。具体来说，虽然存在战略 COE（专家中心）和战略 BP 的角色，但战略 SSC（共享服务中心）的角色几乎不存在。这一点可以从两个方面进行阐述，但核心观点仍然是"没有战略 SSC"。

战略规划是一项需要高强度脑力劳动的工作。它涉及战略信息的获取、分析、研究、规划、分解以及评估等一系列复杂动作，每一个步骤都需要智慧和精力的投入。这些步骤不仅决定了战略规划成果的质量，也影响着未来的发展方向。当然，有人会质疑，认为信息的获取是否可以被视为一种"事务性"工作。

这也是之所以用了一个"几乎"的原因，在有些咨询公司中有个知识管理的岗位，实际上就是相对比较事务性的工作，但要知道咨询公司是一类比较特殊的知识型服务组织，核心有价值的是咨询师和知识库，属于小概率；当然另一方面在有些企业中也有人独立承担"情报管理"工作，而有些职能中同样具有"情报获取"的部分。前者大概率还有其他工作，比如市场信息管理员；后者是因为"情报"本身辅助自己的工作，比如销售、市场，甚至产品、服务人员。

在战略职能中辅助分析与决策的工作人员的成果质量除了取决于分析能力、总结归纳、洞察能力以及经验等之外，信息的来源、质量、全面性同样至关重要。

基于此，战略情报收集这个工作的筹划本身就是具有战略职能人员的重要工作之一，更甚者战略 BP 还要关注其 BP 的业务相关特征的信息，浩渺而又繁杂，不从此筛选、分析、提炼等过程中升华，很难判断自己是一个合格战略职能人员，更不要说战略 BP 到业务，并提供应有的价值了。

战略 BP 是一只"双脚"的"动物"，而非惯性理解中的"三支柱模型"。

二、战略 BP 工作的弹性范围超乎想象

如前所归纳的，战略 BP 的核心工作便是分析，其他部分，诸如决策辅助、战略设计都是基于分析。但这个分析又有很多说法，如往常一般，我们认为战略 BP 的分析工作的范畴可以用"战略"两字来限定，即战略 BP 的分析工作就是战略分析，但实际上是如此吗？战略分析、行业分析、商业分析、数据分析，甚至是标杆分析、竞品分析都出现在可能的职能中，于是，名词定义界限中的"弹性"特征再次出现在面前——从理论上来说，战略分析与一般行业分析，商业分析，数据分析在分析视角和颗粒度上具有明显的不同——把这个不同之下的"战略分析"归为狭义定义，而广义的战略分析则包含了所有分析工作，因为一方面现实的情况是企业（或业务）要求战略 BP 不但在宏观层面分析后给予方向建议，还要求从中观层面分析后给予竞争策略和路径，甚者在微观层面分析后给予问题解决方案，让人大吃一惊的是有些要求居然包含了经营方面的分析职能；另一方面，战略 BP 与业务独立经营体的合作关系首先建立在相互了解基础上，基于了解提供了沟通与互动，产生理解，并进一步稳固了合作关系，推动目标达成的一致性。这个"了解"，首先需要战略 BP 了解业务，但不进行行业分析，如何了解业务所处位置？如何帮助其确定目标？不进行商业分析，如何了解业务的商业模型是否稳定？如何将更重要的资源投入关键环节？不进行数据分析，如何了解业务现状？如何发现问题？不进行竞品、同业者分析，如何了解最优秀标杆的做法？如何了解市场竞争态势……

战略 BP 欲取得成功，必须从狭义的战略分析工作入手，视之为基础职能。然而，更广义的战略分析工作才是其真正的要求。尽管这一要求可能显得有些高远，但请务必明确理解这一点——一旦步入"战略"的门槛，便如同深入浩瀚的海洋，无处逃避。因此，应致力于不断提升自我。

接下来，探讨通常所理解的（狭义）战略分析与其他分析工作之间的异同点。这将有助于我们在更广泛的分析领域中，明确自己应当掌握哪些技能与能力。

1. 战略分析

战略管理过程第一阶段的活动。对组织外部环境、内部资源和能力以及利益相关者的期望和影响进行分析，在此基础上认清企业所处的战略地位并为战略制定和战略实施提供有价值的信息。

战略分析包括确定企业的使命和目标；了解企业所处的环境变化，这些变化将带来机会还是威胁；了解企业的地位、资源和战略能力；了解利益相关者的利益期望，在战略制定、评价和实施过程中，这些利益相关者的反应以及这些反应对组织行为的影响和制约。

战略分析工具是企业战略咨询及管理咨询实务中经常使用的一些分析方法。

（1）PEST（PESTEL）分析法：这是战略咨询顾问用来帮助企业检阅其外部宏观环境的一种方法。对宏观环境因素做分析，不同行业和企业根据自身特点和经营需要，分析的具体内容会有差异，但一般都应对政治、经济、技术和社会这四大类（后来又加入环境、法律）主要外部环境因素进行分析。

（2）SWOT分析法：用来确定企业本身的竞争优势（strength）、竞争劣势（weakness）、机会（opportunity）和威胁（threat），从而将公司的战略与公司内部资源、外部环境有机结合。SWOT分析通过对优势、劣势、机会和威胁加以综合评估与分析得出结论，然后再调整企业资源及企业策略，来实现企业的目标。因此，清楚地确定公司的资源优势和缺陷，了解公司所面临的机会和挑战，对于制定公司未来的发展战略有着至关重要的意义。

（3）内部因素评价法：又称作为内部因素评价矩阵（IFE 矩阵）。

（4）外部要素评价法：又称作外部因素评价矩阵（EFE 矩阵）。

（5）竞争态势评价法：又称作竞争态势矩阵（CPM 矩阵）。

（6）波士顿矩阵法：波士顿矩阵又称"市场增长率－相对市场份额"矩阵、波士顿咨询集团法、四象限分析法、产品系列结构管理法（BCG）等。

（7）ACI：分析（analyse）、选择（choice）、行动（implantation）战略分析——了解组织所处的环境和相对竞争地位；战略选择——战略制定、评价和选择；战略实施——采取措施发挥战略作用。

主要成果及目的：

（1）在全面和系统的战略分析的基础上得到企业的科学竞争战略。

（2）有明确的发展方向，有清晰的业务发展阶梯。

（3）企业战略在组织内得到充分沟通并达成共识。

（4）企业发展方向一致，上下同心协力达成战略目标。

（5）让员工认同并支持企业的战略和目标，加强员工责任感。

（6）建立战略决策机制，决策具有科学性和前瞻性。

（7）不但重视短期绩效，更重视长期发展。

（8）企业的整体业绩和核心竞争力不断提升。

2. 行业分析

行业分析指根据经济学原理，综合应用统计学、计量经济学等分析工具对行业经济的运行状况、产品生产、销售、消费、技术、行业竞争力、市场竞争格局、行业政策等行业要素进行深入的分析，从而发现行业运行的内在经济规律，进而进一步预测未来行业发展的趋势。

旨在界定行业本身所处的发展阶段及其在国民经济中的地位，同时对不同的行业进行横向比较，为最终确定投资对象提供准确的行业背景。行业特征是直接决定公司投资价值的重要因素之一，而行业分析是上市公司分析的前提，是连接宏观经济分析和上市公司分析的桥梁。

行业分析是介于宏观经济与微观经济分析之间的中观层次的分析，是发现和掌握行业运行规律的必经之路，是行业内企业发展的大脑，对指导行业内企业的经营规划和发展具有决定性的意义。

● **分析方法与工具举例**

（1）行业价值链分析：指企业应从行业角度，从战略的高度看待自己与供应商和经销商的关系，寻求利用行业价值链来降低成本的方法。

进行行业价值链分析既可使企业明晰自己在行业价值链中的位置，以及与自己同处于一个行业的价值链上其他企业的整合程度对企业构成的威胁，也可使企业探索利用行业价值链达到降低成本的目的。行业的这种价值链又叫垂直联结，即代表了企业在行业价值链中与其上下游之间的关系。改善与供应商的联结关系，可以降低本企业的生产成本，通常也会使供需双方获益。

如 TCL 通过并购法国汤姆逊公司的彩电业务，降低了企业在国外销售的成本，又使本企业产品更大程度上得到了当地消费者的认可，提升了本企业产品在国际上的竞争力，这就是价值链前向整合的运用。

（2）行业生命周期理论（industry life cycle）：行业的生命周期指行业从出现到完全退出社会经济活动所经历的时间。行业的生命发展周期主要包括四个发展阶段：幼稚期、成长期、成熟期、衰退期。

行业的生命周期曲线忽略了具体的产品型号、质量、规格等差异，仅仅从整个行业的角度考虑问题。行业生命周期可以将成熟期划为成熟前期和成熟后期。在成熟前期，几乎所有行业都具有类似 S 形的生长曲线，而在成熟后期则大致分为两种类型。

（3）行业集中度（concentration ratio）：又称行业集中率或市场集中度（market concentration rate），是指某行业的相关市场内前几家最大的企业所占市场份额（产值、产量、销售额、销售量、职工人数、资产总额等）的总和，是对整个行业的市场结构集中程度的测量指标，用来衡量企业的数目和相对规模的差异，是市场势力的重要量化指标。

集中度概念包括了波士顿咨询提出的三四规则。用于分析一个成熟市场中企业的竞争地位的模型。波士顿咨询公司研究表明，在大多数行业中，三四规则的规律或多或少都是存在的。根据三四规则模型，在一个稳定的竞争市场中，参与市场竞争的参与者一般分为三类：

①领先者一般是指市场占有率在15％以上，可以对市场变化产生重大影响的企业，如在价格、产量等方面；

②生存者一般是指市场占有率介于5％～15％的企业，这些企业虽然不能对市场产生重大的影响，但是它们是市场竞争的有效参与者；

③挣扎者一般是局部细分市场填补者，这些企业的市场份额都非常低，通常小于5％。

根据三四规则模型，在有影响力的领先者之中，企业的数量绝对不会超过三个，而在这三个企业之中，最有实力的竞争者的市场份额又不会超过最小者的四倍。

（4）SCP（structure-conduct-performance，结构—行为—绩效）分析框架：一种产业组织分析方法，主要用于对企业所处的产业、行业环境中影响战略的因素进行静态和动态分析。

该模型是由美国哈佛大学产业经济学权威贝恩（Bain）、谢勒（Scherer）等人于20世纪30年代建立的。该模型提供了一个既能深入具体环节，又有系统逻辑体系的市场结构（structure）—市场行为（conduct）—市场绩效（performance）的产业分析框架。SCP框架的基本含义是，市场结构决定企业在市场中的行为，而企业行为又决定市场运行在各个方面的经济绩效。

（5）波特五力模型：迈克尔·波特（Michael Porter）于20世纪80年代初提出。他认为行业中存在着决定竞争规模和程度的五种力量，这五种力量综合起来影响着产业的吸引力以及现有企业的竞争战略决策。五种力量分别为同行业内现有竞争者的竞争能力、潜在竞争者进入的能力、替代品的替代能力、供应商的讨价还价能力与购买者的议价能力。

众所周知，在行业竞争分析中，波特五力模型作为经典的咨询分析工具被广泛应用。波特五力模型无论是在行业的成长期、发展期还是成熟期都能有效地分析竞争态势。而在成熟市场中，对竞争情况能进行有效分析的不止波特五力模型。

（6）成功关键因素（key success factor，KSF）模型：指公司在特定市场获得盈利必须拥有的技能和资产。成功关键因素涉及的是每一个产业成员应要擅长的东西，或者说公司要取得竞争和财务成功所必须集中精力做好的一些因素。成功关键因素是企业取得产业成功的前提条件。

● **主要成果目的**

（1）行业的基本状况，包括行业的发展历史和现状，以及行业的未来发展趋势等方面。

（2）行业的一般特征，首先要判断行业的市场特征，分辨出行业是处于完全竞争状态还是其他市场状态；然后要分析行业处于经济周期的哪个阶段。

（3）分析行业的结构，包括行业的进入难度、是否有替代品、行业中现有企业的竞争程度等方面。

3. 商业分析

商业分析（business analysis，BA），属于传统商科，是作为商业＋统计数理＋计算机这三个领域结合的一个新兴学科。主要工作就是从信息的收集，到信息的处理、展示，最后把信息转变为知识输出，支持业务决策。

对这句话做分解，首先是信息这个概念。对 BA 而言，这里的信息主要指的是数据，不像传统的战略咨询，主要宣传方法论和概念；互联网行业的BA 还是要用数据说话的，80％以上的分析结果是要用数据论证的。然后是对信息的一系列处理动作。包括收集、处理、展示和传递；这四个动作就好比盖房子和卖房子。"信息收集"，就好像找原材料，比如木材、水泥、涂漆等；"信息处理"，就好像画图纸和把房子搭起来；"信息展示"，就好像做装修，对房屋做软装和硬装；"把信息转变为知识，支持业务决策"，这就好像卖房子，如何能够让用户更好地了解房子的价值，为房子"买单"。所以一个优秀的 BA，既可以是"设计师"，又是"工程师"，还是"销售员"。

● **BA 的产出物是什么？**

BA 的最终职责在于支持决策，那么有哪些"产出物"支持决策呢？特别是在业务更加复杂，视角更加多元，局面更加动态的情况下，BA 怎么才能更好地支持决策呢？

总体来说，BA 主要有三个"产出物"：第一个是给事实；第二个是给结论；第三个是给建议（或者说给策略）。这三件事情是有逻辑递进关系的，一定是先给事实，再给结论，最后给建议，不能跳跃。

（1）给事实

通常情况下，事实是客观事物的数字描述；做事情好还是坏，需要用数字描述。很多情况下基准测试（benchmark）比基本数据要更有价值。但需要注意的是，不同的类型是不能做对比的。比如一个体重 75 公斤的男子，一个体重 75 公斤的女子就不能比较。

（2）给结论

对事实做出结论；结论就是你对这件事情的基本判断，这件事情是好还是坏。比如这个季度业务的增速是 10%，那么这件事情是好还是坏。如果我们的竞品的增速是 20%，那么这个判断的结果可能就是不够好；但如果补充一点，比如我们上个季度的增速是 5%，上季度竞品的增速是 30%，那么这个判断的结果可能就是挺好。因为我们拉近了和竞品增速的差距。给结论要全面思考，特别是考虑实际的业务背景。

（3）给建议

比如基于上面的结论，我们的建议是，继续执行当前的策略和打法，预估再持续一段时间，会有更好的成效。

BA 对于"给事实""给结论""给建议"这三种产出物，可选择不同的载体。比如 PPT、数据产品，甚至邮件都可以。载体本身不重要，主要是考虑哪种载体能够更好地传递价值。

● BA 需要哪些能力

（1）懂商业

商业分析和数据分析师最大的区别就在于商业嗅觉（sence）。BA 要能从做生意的角度去理解业务。首先想说明一点，大多数商业模式都是要盈利的；因为我们在做的是生意，不是慈善事业，可以现在不直接产生利润，但长远的目标是要盈利的，商业分析师要有这种洞察力。那么怎么体现 BA 对于商业的理解，最好的方法就是看 BA 选择哪些指标来描述业务。

对于业务理解深入且具备商业敏感度的人员，他们总是能够挑选出最恰当的指标来描述业务；而在这方面能力稍显不足的人员，虽然也会寻找指标来观察业务，但他们所选择的指标往往会出现重叠，或者所选指标并不能准确反映业务情况。

（2）用数据

有的公司把商业分析师也称为数据分析师，这也就体现了数据能力的重要性。这里的数据能力包括数据获取、数据逻辑梳理、数据链路建设等。所以现在的 BA 有一些是统计学和计算机专业毕业的。

（3）会分析

分析本身是一个思考的过程。一个问题本质上是什么，不能把问题混在一起，要能把问题说清楚；不断地去拆解，有严谨的逻辑，系统的思考和分析。这里考察的是 BA 思考的逻辑性、结构性和系统性。

（4）助业务

商业分析不是直接做业务，但要有效地助力业务；如何助力业务，也就是前面提到三种产出物，"给事实""给结论""给建议"；怎么评价助力业务的效果，这里有两个标准，"是否被需要"和"是否被记住"。"是否被需要"指的是业务做决定的时候是否会找到你；"是否被记住"是指你的分析是让业务记住了什么有价值的内容，而不是你单纯完成了什么任务。

从另一个角度审视，主要职责涉及对公司整体运营流程及业务发展的全面分析。这包括挖掘新的商业需求、提出或优化商业问题的解决方案。相关活动可能涵盖公司组织结构的调整、业务流程的优化、战略性规划、政策制定以及效能提升。

在专业层面，该行业的核心在于数据分析，尤其是那些复杂的技术、模型和算法的应用。通过深入分析数据、挖掘信息来评估公司过往的业绩，以及对行业市场潜在商业信息的探索等。其目标是获取那些无法通过定性分析和简单的定量分析得到的深度洞察。

前者注重行业研究以及公司层面的业务、经营分析，往往就某些商业问题出具解决方案。分析以定性访谈、案头研究、实地走访为主，结合问卷数据和二手的公开数据，涉及的数据部分较少用到数据挖掘和复杂的数理模型。

后者同样可以是对行业、公司业务或特定商业问题进行分析，但区别在于数据驱动性强，通过对数据的层层拆解（甚至需要在大数据层面进行分析），获得研究主题的深刻见解。核心将数据转换为洞察力以改进业务决策的过程。数据管理、数据可视化、预测建模、数据挖掘、预测模拟和优化是用于从数据中创建洞察力的一些工具。

商业分析课程应首先涵盖商科基础知识，如金融与运营管理等；其次深入数据处理技术，包括数据挖掘、可视化、预测及机器学习，辅以统计学、运筹学和计量经济学；然后探讨商业分析在市场、物流、人力资源及网络等领域的应用；最终通过与企业合作的定点项目实践所学知识。

4. 数据分析

数据分析指用适当的统计分析方法对收集来的大量数据进行分析，将它们加以汇总和理解并消化，以求最大化地开发数据的功能，发挥数据的作用。数据分析是为了提取有用信息和形成结论而对数据加以详细研究和概括总结的过程。

数据分析的数学基础在 20 世纪早期就已确立，但直到计算机的出现才使得实际操作成为可能，并使得数据分析得以推广。数据分析是数学与计算机科学相结合的产物。

数据分析的目的是把隐藏在一大批看似杂乱无章的数据中的信息集中提炼出来，从而找出研究对象的内在规律。在实际应用中，数据分析可以帮助人们做出判断，以便采取适当行动。数据分析是有组织有目的地收集数据、分析数据，使之成为信息的过程。

这一过程是质量管理体系的支持过程。在产品的整个寿命周期，包括从市场调研到售后服务和最终处置的各个过程都需要适当运用数据分析过程，以提升有效性。例如设计人员在开始一个新的设计以前，要通过广泛的设计调查，分析得到的数据以判定设计方向，因此数据分析在工业设计中具有极其重要的地位。

分析数据是将收集的数据通过加工、整理和分析，使其转化为信息，通常用的表达方法有老七种工具，即排列图、因果图、分层法、调查表、散布图、直方图、控制图；新七种工具，即关联图、系统图、矩阵图、KJ 法（又称 A 型图解法、亲和图法）、计划评审技术、PDPC 法（过程决策程序图法，process decision program chart）、矩阵数据图。

笼统来讲，就是表和图。

（1）列表法：

将数据按一定规律用列表方式表达出来，是记录和处理最常用的一个方法。表格的设计要求对应关系清楚，简单明了，有利于发现相关量之间的相关关系；此外还要求在标题栏中注明各个量的名称、符号、数量级和单位等；

根据需要还可以列出除原始数据以外的计算栏目和统计栏目等。

（2）作图法：

可以醒目地表达各个物理量间的变化关系。从图线上可以简便求出实验需要的结果，还可以把复杂的函数关系通过一定的变换用图形表示出来。

图表和图形的生成方式主要有两种：手动制表和用程序自动生成，其中用程序制表是通过相应的软件，例如 SPSS、Excel、MATLAB 等。将调查的数据输入程序中，通过对这些软件进行操作，得出最后结果，可以用图表或者图形的方式表现出来。图形和图表可以直接反映出调研结果，这样大大节省了设计师的时间，帮助设计者们更好地分析和预测市场所需要的产品，为进一步的设计做铺垫。

同时这些分析形式也运用在产品销售统计中，这样可以直观地给出最近的产品销售情况，并可以及时地分析和预测未来的市场销售情况等。所以数据分析法在工业设计中运用非常广泛，而且是极为重要的。

而真正需要的软件工具则非常多。使用 Excel 自带的数据分析功能可以完成很多专业软件才有的功能，如数据统计、分析，其中包括：直方图、相关系数、协方差、各种概率分布、抽样与动态模拟、总体均值判断、均值推断、线性、非线性回归、多元回归分析、移动平均等内容。

在商业智能领域中，诸如 Cognos（科格诺）、Style Intelligence（风尚智能）、Microstrategy（微策略）、Brio（一种商业智能工具或平台）、BO（通常指 Business Objects，这是一套商业智能软件套件，已被 SAP 公司收购）以及 Oracle（甲骨文）等国际知名产品，还有国内的产品如 Yonghong Z-Suite BI 套件（一款国内的商业智能产品）等，都在各自的领域内发挥着重要作用。

经过对战略分析、行业分析、商业分析和数据分析等不同领域的概念、研究对象、方法论与工具以及预期成果的深入比较，我们认识到战略分析主要集中于内外部环境、资源及企业自身能力的评估。在细节层面，它更侧重于宏观和中观视角，偶尔也会结合微观信息来形成见解和结论。在方法上，战略分析倾向于使用具有结构性的框架工具，既包含定性分析也涉及定量分析，旨在为企业提供方向性的指导、关键路径的选择，并协助解决战略问题及辅助决策过程。

战略分析实质上涵盖了行业分析，因为后者主要聚焦于中观层面的研究。商业分析领域虽然也涉及宏观和中观概念，但其篇幅相对较小，主要关注解决方向的合理性与空间问题。然而，商业分析的核心仍然集中在内部业务层面，偏向微观角度，包括产品和用户模型的构建、成型产品和细分用户模型的优化，以及成熟模型的调整。总之，商业分析的最终目标是实现商业上的成功。

无论是宏观、中观还是微观层面，无论是战略分析、行业分析还是商业分析，无论是外部因素还是内部能力，数据分析都在其中扮演着重要的角色。

在此，有必要引入一个段落来简要阐述战略与战术之间的一些区别，将有助于更加明确地理解战略领域的分析与其他领域分析的不同。

案例 1 我一直在努力工作，然而却不明白为何老板没有提拔我

"我是一名勤奋的员工，为了获得晋升，每天对于老板交付的工作，我总是及时响应，甚至不惜加班加点，从不懈怠。然而两年过去了，他不仅没有给我晋升，反而提升了一个比我晚来一年的新人。这真是令人感到不公平！"

这类故事在公司每年升职加薪的时期经常可以听到。主人翁可能是你，也可能是你周围的很多朋友。导致这个结果的原因可能有很多，但如果仔细研究背后的原因，会发现这些人大多没有想清楚一件事。那就是老板为什么要提拔你？老板是否有能力提拔你？以及如果要提拔你，你到底需要做到什么？

案例 2　渠道拓展不顺畅，该如何提升业绩与利润

渠道商务负责人：我现在分销渠道始终拓展得不顺畅，希望你给我一些建议。

战略分析师：现在整体拓展不顺畅，其根本的原因在于给渠道方的返点太低了，远逊于竞争对手给到渠道方的返点。同时你目前给到渠道的货源质量、品牌知名度都相比竞争对手也都不高，低于这些渠道的收入预期。

如果要通过提升渠道洽谈数量来提高业绩，其关键在于找出系统性降低供给成本或是包装商品提高客单价的方式，增加渠道方收入，才有办法系统性地吸引渠道方更有愿意为我们销售产品。

所以建议你在上游的选品和品类包装上对比对手并进行规划，才能让渠道方更想销售你的产品。

渠道商务负责人："你不要跟我说这个，你赶快告诉我现在有哪些红利可以利用，在哪里还有更多的渠道方能接受和我们合作，帮我们快速卖货达到这个月业绩。"

这两个例子揭示了战略与战术之间的两个核心区别：

首先，战略相较于战术，是在更高的层次上针对目标进行思考和确定提高胜算的关键因素，而非具体的近距离交战方式。

其次，战略相较于战术，前者的目标更为长远，关注达成最终目标所需的要素条件，而后者则更侧重于当前阶段可以采取的行动。

战略范畴涉及在较为宏观和高层次的关键问题上进行规划与指导。在规划过程中，必须根据环境的变化和自身的实力，选择适合的方向和步骤，通过这种选择过程逐步形成竞争力和差异化，从而提高在竞争中取胜的可能性。

因此，需要回顾一下，有人认为战略实际上是一种选择，即选择每一步

应该做什么和不应该做什么。也就是说，针对目标，决定哪些事情应该采取攻势，哪些事情应该采取守势。

接着，再针对上面两个案例具体对比战略思维跟战术思维的差异。

案例 1 我一直在努力工作，但却不知为何老板未能提拔我

战术型思考的人思考的是：我要及时满足老板提出的工作要求，比别人更加努力工作，去听各种课程丰富我的实力，做好向上管理跟客户维护好关系，并且把项目工作完美完成。

战略型思考的人思考的是：部门一年后的升迁名额有多少，有多少预算可以调薪，我是否有机会帮助增多，做哪些项目才可能增多，增多之后如果不加薪造成的代价是否能比别人大，价值项目又是哪些，是否能独立完成，这些好项目有无竞争者，我要如何才能跟这些人竞争……

案例 2 渠道拓展不顺畅，该如何提升业绩与利润

战术型思考的人思考的是：我要减少人力成本，我要多做一些新的渠道探索，我要定期开会跟进进度，增加商务谈判同事的工作效率……

战略型思考的人思考的是：这个领域行业空间有多大？目标的用户都在哪里，我们目前的服务能触达多少人？目前的合作政策与产品相比竞争者的优势在哪里？竞争对手又有哪些？我应该做什么能够逐步提高跟这些竞争对手的竞争壁垒，提升壁垒的关键节点在哪里……

通过这两个场景可以看出，战略就是在相对更高的维度上，去确定提高胜算的关键步骤，是一个相对于战术的概念。战略问题思考带来的好处，就

是可以让你更有方向感，也更能知道过程中会遇上什么难题，提前做好准备，哪些方案被证实行不通，不要再投入成本进行尝试。

在各行各业，无论身处何种岗位，若运用战略思维进行全面考量，便能精准定位目标，有效指导当前应战与应略的决策，进而优化规划与行动步骤。

因此，战略最终体现为一种精神，是相对于战术的高级概念。每个人都应根据个人的目标和现状，从更宏观的角度出发，深思熟虑"何时应战、何时应略"，这是一种值得每个人学习的思维方式。

第五节　战略 BP 应具备的核心素质与能力

前边为了概括总结战略 BP 是什么以及职能范围，列举了十个具有代表意义的企业组织在实际运作过程中是如何对其进行主要职能设定的案例。现在将这十个战略 BP 职责描述案例——对应的任职要求引用过来，由此进一步总结出战略 BP 应该具有什么样的核心素质和能力。

一、战略 BP 的任职要求

案例1　某新兴头部互联网公司

（1）1 ～ 4 年战略规划、经营分析相关工作经验，本科及以上学历，有甲方互联网经验加分。

关键字：工作经验、学历等基本面。

（2）有较强的逻辑思维和分析能力，具备数据分析和文字处理能力，熟练掌握办公软件。

关键字：逻辑、分析、使用办公工具等能力。

（3）有较强的沟通、理解能力和高度的责任心，能承受工作压力；

关键字：沟通、理解、责任、承压等素质。

（4）工作认真细致、勤奋踏实、反应灵敏。

关键字：认真、踏实、灵敏等素质具体表述。

（5）有良好的团队合作精神、责任意识和保密意识。

关键字：合作、责任、保密等素质。

案例2　某新兴头部互联网企业（同上）

（1）×××、××、××（行业品类）工作经验背景，3年以上工作经验，其中2年以上××相关行业工作经验优先。

关键字：工作经验、行业背景等基本面。

（2）分析能力强，逻辑清晰，具备创新思维能力和结构化思考能力，善于从复杂现象中总结规律。

关键字：分析、逻辑、创新、思考、归纳等能力。

（3）有足够的领导能力，协调能力，能够处理复杂场景下的问题（如问题拆解、跨部门协调等）。

关键字：领导、协调、化繁为简的能力。

案例3　某头部新能源汽车企业

（1）研究生及以上学历，汽车、机械、计算机、通信、电子、经济管理相关专业优先，有学校社团工作、相关实习经验者优先。

关键字：学历、专业、经验等基本面要求。

（2）对×××××行业有浓厚的兴趣。

关键字：兴趣。

（3）目标驱动感强，做事主动积极、上进好学。

关键字：目标驱动、积极主动等素质。

（4）逻辑清晰，思辨能力强，对自己所学业务和实践有本质理解，并相信方法论的力量，善于总结提炼。

关键字：逻辑、思辨、理解、提炼等能力。

（5）良好的沟通协调能力，善于发现和解决问题。

关键字：沟通协调、发现与解决问题等能力。

案例4 某头部互联网科技企业

（1）本科及以上学历，具有一线战略咨询公司，或头部科技或互联网公司的组织/参谋/战略/研究院等部门；2年及以上经验；有战略方法论沉淀、流程和体系设计经验，或同时做过战略和业务领导者、PMO（项目经理），优先考虑。

关键字：学历、经验、资历等基本面。

（2）具备出色的战略思考和判断能力、逻辑思维与总结提炼能力、横向沟通与协调能力，能快速学习、有强自驱力与责任性，具有高度的韧性且推动力执行力强、结果导向。

关键字：战略思考、判断、逻辑、总结归纳、沟通协调、学习等能力，自驱、责任、坚韧等素质。

（3）对战略有热忱、善于对知识进行沉淀、对××、××、×行业有深度的思考和观察。

关键字：对专业热忱，善于沉淀、思考和观察。

案例5 某大型建筑集团企业

（1）本科及以上学历，××行业战略管理经验优先。

关键字：学历、经验等基本面。

（2）熟练使用各类战略管理工具如 BLM 模型等，并有成功实施案例。

关键字：专业能力、专业经验。

（3）良好的跨部门沟通协调能力和项目推动能力。

关键字：沟通协调、推动能力。

案例6　某新兴数据智能企业

（1）能够以英语为工作语言，能接受出差。

关键字：语言能力。

（2）3年及以上工作经验，有一线国际咨询公司背景，精通业务规划、业务运营流程优化和再造等方法论和项目管理经验。

关键字：经验、资历等基本面。

（3）擅长跨部门沟通和团队协作，能够有效地将战略意图解码为业务规划并跟踪支持。

关键字：沟通、协作、专业等能力。

（4）既能做研究规划，又能深入业务解决问题。

关键字：研究及业务问题解决能力。

（5）能够承担工作压力，认可不断提升用户体验的价值观。

关键字：抗压、正确产品价值观。

（6）有××、××行业相关经验。

关键字：行业经验。

案例7　某跨界互联网垂直领域企业

（1）优秀的战略思考和逻辑思维能力，能够快速学习，抗压能力强。

关键字：战略思考、逻辑、快速学习、抗压等能力。

（2）良好的沟通能力、业务推进和资源整合能力，以及出色的影响力和领导力。

关键字：沟通、推动、整合、影响、领导等能力。

（3）拥有项目管理经验，能够推进大型复杂项目落地。

关键字：专业资质。

案例 8　某知名网络游戏企业

（1）具备优秀的逻辑思维及深度思考能力，对新事物有高度好奇心和洞察力。

关键字：逻辑、思考、好奇心、洞察力。

（2）有较高的沟通能力，能有效推动战略项目落地。

关键字：沟通能力。

（3）具备良好的用户思维和需求洞察能力。

关键字：用户思维、需求洞察。

（4）3 年及以上战略 / 行业研究或咨询相关经验，有×××、×× 行业经验者优先。

关键字：经验。

案例 9　某酒业上市企业

（1）大学本科及以上学历，经济类、财务类相关专业。

关键字：学历、专业。

（2）2～3 年战略咨询公司或消费品企业的战略或运营相关工作经验。

关键字：经验。

（3）熟悉战略解码模型/方法论及主要战略分析工具。

关键字：熟悉专业工具。

（4）具备框架性思考能力，能够运用逻辑和商业常识，有较强的资源整合和问题处理能力。

关键字：思考、逻辑、整合资源、问题处理。

（5）具有优秀的业务敏感度、良好的学习能力、自我驱动力、沟通能力和团队合作能力。

关键字：敏感、学习、自驱、沟通、团队合作。

案例10 某计算机软件上市企业

（1）国内外知名院校本科及以上学历，具备咨询公司××/×××项目经验，具备大厂经验者优先。

关键字：学历、经验。

（2）逻辑清晰，有一定战略视野和统筹规划、跨部门沟通和组织协调能力。

关键字：逻辑、战略视野、统筹、沟通协调。

（3）结果导向，良好的数据敏感性、分析总结及呈现表达能力。

关键字：敏感、分析、表达。

（4）快速学习的能力及较强的抗压能力。

关键字：快速学习、抗压。

从表1-2中可以看出，战略BP的任职要求并不复杂，很容易聚类，大致可将其分成对战略BP的基本面要求、素质类要求、能力类要求和其他类别。

表 1–2　战略 BP 的任职要求

序号	案例所属企业	任职要求关键字
1	某新兴头部互联网企业	工作经验、学历 逻辑、分析、使用办公工具 沟通、理解、责任、承压 认真、踏实、灵敏 合作、责任、保密
2	某新兴头部互联网企业（同上）	工作经验、行业背景 分析、逻辑、创新、思考、归纳 领导、协调、化繁为简
3	某头部新能源汽车企业	学历、专业、经验 兴趣 目标驱动、积极主动、上进好学 逻辑、思辨、理解、提炼 沟通协调、发现与解决问题
4	某头部互联网科技企业	学历、经验、资历 战略思考、判断、逻辑、总结归纳、沟通协调、学习等能力，自驱、责任、坚韧 对专业热忱、善于沉淀、思考和观察
5	某大型建筑集团企业	学历、经验 专业能力、专业经验 沟通协调、推动能力
6	某新兴数据智能企业	语言能力 经验、资历 沟通、协作、专业等能力 研究及业务问题解决能力 抗压、正确产品价值观 行业经验
7	某跨界互联网垂直领域企业	战略思考、逻辑、快速学习、抗压 沟通、推动、整合、影响、领导 专业资质
8	某知名网络游戏企业	逻辑、思考、好奇心、洞察力 沟通能力 用户思维、需求洞察 经验

续表

序号	案例所属企业	任职要求关键字
9	某酒业上市企业	学历、专业 经验 熟悉专业工具 思考、逻辑、整合资源、问题处理 敏感、学习、自驱、沟通、团队合作
10	某计算机软件上市企业	学历、经验 逻辑、战略视野、统筹、沟通协调 敏感、分析、表达 快速学习、抗压

1. 第一种是对战略BP的基本面要求

一个人的基本面可以说是这个人的基本画像，体貌特征、性别、年龄、经历、文化水平、性格爱好和生活习惯等。在生活中，人的经历类似，比如老乡、老同事、老同学、老战友见面后特别亲热，这是因为大家都有过一段难忘的经历，知根知底。

文化水平相同的人在一起话题较多，因为认知水平相当。兴趣爱好和生活习惯相近的人在一起投缘。如爱好跳舞的有舞友，爱好打牌的有牌友，爱好炒股的有股友，爱好旅游的有驴友。还有一种是喜欢吃喝的，常聚在一起，喝上几杯。唯有另一种朋友最可贵，那就是知心朋友。所谓知心朋友是可以以心换心的人，这种朋友世上不多见，一个人一生有一两个足矣！物以类聚，人以群分。

基本面相差太远的人是难以知心的，有一个相同世界观才是做知心朋友的基本条件之一，所以有人建议交友要看看人的基本面，不要交错朋友而受伤太甚。

当然企业中的任职和生活有诸多的不同，但人是会受环境影响的，或者说人的环境适应力很强，这里既有主动的一面，又有被动的一面；当然也有积极的一面，还有消极的一面，这是其一。其二，实际上工作也是生活的一部分，但相对来说目的性更加明确，通过契约形成纽带，连接大家，在此过程中或多或少会产生对"个人基本面"的影响。

所以基本面是任职中的一个基础条件，甚至是刚性条件，直接可以通过证件、证书、书面证明、背景调查等方式确定。

上述十个案例中战略 BP 任职基本要求就三个：

一是学历与专业，几乎所有企业对战略 BP 都提出了学历要求——（全日制）本科或本科以上，少部分对专业有倾向性，但各有不同，有的希望是管理类、经济类，有的明确需要理工类专业毕业；

二是经验，包括了工作经验、行业经验，前者一般是全职从事战略、分析类工作的实战，案例中多数要求 3 年以上；后者要求从业者具有某行业或者某品类的经验，了解或者熟悉该行业的基本运作，便于后期开展配套工作；

三是专业资质，是针对某领域或者某工作职能方面具有过往经验，甚至需要成果证明，比如案例 7 中需要"项目管理经验，能够推进大型复杂项目落地"就属于一种业务资质，在任职沟通过程中，需要举例项目，并表明其复杂度，自己在其中的贡献及成果，当然如能加上 PMO 证书加持，可能更佳。这种资质要求，一般需求的单位和组织对于战略 BP 任职者的要求指向性比较明确，也相对容易辨析。

从近期网络样本来看，第一种对学历的要求本科占 87.4％，大专占 7.1％，硕士占 2.6％，不限学历占 2.5％，博士占 0.22％，高中占 0.17％。经验要求哪个最多？ 5～10 年占 47.3％，3～5 年占 23.1％，不限经验占 11.6％，10 年以上占 9.5％，1～3 年占 8.2％，应届毕业生占 0.28％。

2. 第二种是素质类要求

素质与能力之间既存在关联也有区别，可以将其合并讨论。

关于"素质"的定义，各方意见不一。部分人士主张，素质是个人文化素养的高低、身体健康状况，以及由家族遗传而来的固有思维模式和对事物的洞察力、管理能力和智力、情感水平的高低，以及职业技能所达到的等级的综合反映。也有人说素质只是人的心理发展的生理条件，不能决定人的心理内容与发展水平，人的心理活动是在遗传素质与环境教育相结合中发展起来的。而人的素质一旦形成就具有内在的相对稳定的特征。所以，人的素质是以人的先天禀赋为基质，在后天环境和教育影响下形成并发展起来的内在的、相对稳定的身心组织结构及其质量水平。

有把人的素质分为三类八种的：三类是指自然素质、心理素质和社会素质，八种是指政治素质、思想素质、道德素质、业务素质、审美素质、劳技素质、身体素质和心理素质。

还有认为素质包括另外三类：

其一是文化素质：举止言行、文化水平、道德修养。一个人的文化素质，不但要表现在专业文化水平上，还应表现在实际运用中。其二是心理素质：信心、勇气、毅力，一个人能够认可并全身心投入到自己所选择的事业和行业中，以自信和勇气坦然面对挫折与失败，有毅力、耐力、韧劲去面对迎接自己漫长的成功之路。最后是精神素质，穿着打扮、风度礼仪。人的精神素质不但体现在穿着打扮上，还可以从多方面表现出来，坐如钟，行如风，精神振奋，气势如虹。

还有人认为人的素质即指人对于自身心理内部和外部环境刺激的综合调节的能力。人的素质就是人的整体状态，既指当前的能力（静态），又指将来发展各项能力的趋势（动态）。它有两个维度：

（1）自身心理调节能力与适应外界环境的能力。

（2）当前已达到的成就与将来可能达到的成就的趋向。

3. 第三种是能力类要求

有的人认为能力是完成一项目标或者任务所体现出来的综合素质。人们在完成活动中表现出来的能力有所不同。能力首先是直接影响活动效率，并使活动顺利完成的个性心理特征。

能力始终与人完成特定实践活动紧密相连。一旦脱离了具体实践，人的能力既无法得到体现，也无法得到发展。能力是指掌握和运用知识技能所需的心理特征，以及实现某一目标所具备的条件和水平。

能力是生命体对自然进行探索、认知和改造的度量标准。例如，人类解决问题的能力，以及动植物生存繁衍的能力等。

所罗列的关于什么是素质和能力的讨论已经很明确，素质和能力是混杂在一起的，有时候互为因果，比如因为你具有逻辑缜密、细心的素质，所以体现出超凡的分析能力；有时候互相并列，比如你具有天生的情绪稳定的素质，同时拥有强劲的抗压能力，其实说的是一件事情，但归类不同；有时候就是一个对象的一体两面，比如沟通，有的天生具有同理心、对个体情感充满敏感，就具备良好的顺利沟通的素质，而有的通过专业的课程，训练后经过测试，具备良好的沟通能力。

素质很大程度上是由先天的遗传条件及后天的经验所决定和产生的身心倾向的总称，更多是一种内涵和修养性的东西，但可以通过人的表达归纳。能力是一种特性、特质，是顺利完成活动的一种必备的条件。

可以说素质与能力紧密联系，素质是能力形成的基础。能力是素质的具体表现。总体上两者又有区别，比如：

（1）能力是在进行某项实际活动中表现出来，而素质是在认识事物、实际活动、为人处世的各方面表现出来，表现为人内在的身心品质。

（2）能力与人的先天生理基础、知识、技能、智力水平和实际经验有关，必须通过实践活动才能形成和发展；而素质与人的先天生理基础和后天所处的环境、所受教育有关，必须通过人自身的认识与社会实践才能形成和发展。

（3）能力是素质的重要体现，但远没有素质影响深远，素质不单是人当前智力和能力水平的基础，而且是人今后发展的重要基础。

（4）能力以所表现的身心力量为核心，素质以人的内在身心品质（包括思想、情感、智慧、意志、心态、体质等）为核心。

（5）能力形式上是外显的，素质形式上是内在的和整体的。

再回来看十个案例中关于素质和能力的要求（两者有时候并不是严格区分的，即使这样我们还是去尝试区分，大致按出现的频率排序）。

（1）素质类：绝大多数的企业对此岗位要求有逻辑；对于事物有敏感度、灵敏性、好奇心；抗压、坚韧；积极主动、善于思考；洞察力；责任心、认真、踏实。

（2）能力类：分析能力、沟通协调（统筹、合作）能力无一例外被所有组织在战略BP岗位职能中提及；快速学习能力；发现与解决问题能力；领导能力；用户导向、需求洞察能力；基本办公及专业工具使用能力。

4. 第四种是其他类别

并非因无法归入前三类而设立。此类别的特质具有显著的特殊性，需要被特别列出。其内容可能仅有一两项，但对个体的区分度极大。这些特质所发挥的作用如同天平上决定性的一根羽毛，最终影响天平的平衡状态。在极其重要或高端的职位上，这种影响尤为显著。

比如在上述案例中提及的一点：对专业热忱，有兴趣。这点既可以是基本面中的一个特征，也可以归为素质的一种，当有外在体现的时候还可以归类为能力，但这里，将此单独列出，因为具有特殊力量。我们通常认为一个人的很多能力，尤其是专业方面的能力，大部分可以通过一段时间的训练而形成，但要从更深层次洞察，以及对人的长期成长性来说，越内核、越底层性的东西越重要，比如对一个事物充满热忱，就会去坚持深刻，特质就外溢成素质和能力提升的不竭源泉。

二、战略咨询公司对于战略人员的任职要求

在战略思考中为得到更可能接近"真实"的答案，时常会提及"思辨"的思维方式（或者方法），就是通过不同的现象进行交叉验证。上述提及了十大案例战略 BP 任职要求，现在再看看一些著名的战略咨询公司对于战略人员的任职要求，当然这和我们探索的有所不同。

首先这些咨询公司核心是为企业组织提供战略咨询服务，而我们所讨论的对象大多数为企业或者个人提供产品和解决方案；其次咨询公司一般被称为"乙方"，而我们所讨论的可以说是"甲方中的乙方"，与业务的连接方式和程度都不大相同。这两点后边还会提及。

咨询服务中有一类别叫作战略咨询，是所有咨询公司中最难进入的一个领域，其主要业务是为各个行业的代表企业提供战略与经营方面的专业咨询服务。

相信对咨询行业稍有了解的人对 MBB 并不陌生，MBB 是麦肯锡（McKinsey）、波士顿咨询（BCG）和贝恩咨询（Bain）的合称，它们被誉为三大战略咨询公司。

作为咨询行业的三巨头，它们在全球范围内寻找的必然是各方面都非常突出的人才，那具体是什么样的标准呢？下面详细了解一下。

咨询行业会接触到各行各业（比如金融、医疗、化工等）的客户，所以没有所谓的专业限制，只要符合他们的招聘要求都可以投递简历。

在麦肯锡公司的官方网站上，可以观察到其业务范围极为广泛，涵盖了金融、科技以及半导体等多个领域。对于经济管理专业的学生，如果他们对商业知识有所了解，尤其是在金融和会计等相关专业领域，将具备显著的优势。但是，这并不意味咨询公司招人就没有门槛。相反，顶尖咨询公司的招人标准非常严格，尤其战略咨询是所有咨询公司中最难进入的领域，同时也

处在高处不胜寒的位置。具体从硬实力和软实力来详细看下招聘要求：

每年能加入 MBB 的大多毕业于国内 Top5 ～ Top20、美国 Top20 以及英国的 G5 等高等学府。

那么大家这个时候可能会问，其他学校就全无机会了吗？

当然也不是，对于应届生而言，还有很多机会，比如 MBA 招聘，对学校要求一般是全球排名 Top20 ～ Top30，所以学生工作一段时间，争取先去读一个 MBA 学位，再来参加公司的招聘活动，这也是进入咨询公司的一个有效的路径。

国内的一般要求"985"／"211"（"985"：即"985 工程大学"，"211"：即"211 工程大学"）硕士以上学历。本科以上也是有机会的，具体看公司的要求。

学习成绩、经验阅历方面：较高的 GPA（grade point average，即平均学分绩点，以学分与绩点作为衡量学生学习的量与质的计算单位，以取得一定的学分和平均学分绩点作为毕业和获得学位的标准，实施多样的教育规格和较灵活的教学管理制度）和丰富的实习会更有优势。顶尖咨询公司会看重学生的学习成绩，一般 GPA 3.5 是底线，通常在 3.8 左右比较保险。另一方面主要是看学生是否参加过相关实习，有无相关工作经验，或者是否参加过一些相关性的比赛等。咨询公司比较倾向于有优质背景的申请者，两三份实习经历会更理想，最好是管理咨询、投资银行、证券经纪、快速消费品以及投资等领域。

素质和能力方面：

（1）数据分析能力和逻辑思维能力

强调的是作为咨询顾问的思维结构和分析能力。咨询顾问经常面对新行业、新问题和复杂情景，必须将复杂庞大的问题剥茧抽丝之后再取其精华，这就要求咨询顾问的宏观思维能力更强大。还有，对于一个完整的方案而言，专业的数据分析技能与经验也是基本支撑。而在咨询公司的校招面试中，必考的就是案例分析问题。案例面试指现场对一个商业问题进行分析的面试，问题一般会涉及市场、投资并购、盈利、定价等方面。案例问题最重要的不是给出百分之百正确的答案，而是要展现分析过程，体现你的逻辑思维。

（2）沟通及表达能力

因为面对的都是企业的 CEO 和高层，而且在项目的每个阶段都需要和客户进行沟通，沟通用语要更加严谨，也要更具说服力和感染力。经常有人说咨询公司是"推销 PPT"的。虽然有些调侃，但如何将 PPT 内容有价值地传递给客户，如何使晦涩难懂的专业术语让 CEO 听得更舒服，是极其重要的。

（3）快速学习能力

由于企业面临的问题纷繁复杂，而且客户所在的行业也不一样，因此，咨询顾问不可能对所有问题都非常熟悉和精通。这就要求咨询顾问一方面具有非常强的学习能力，另一方面要集中精力关注一两项管理职能领域或行业领域。实际上，很多国际著名的咨询公司在从高校里面招聘顾问的时候，也并不特别关注应聘者的专业，而更加关注的是这些人对新知识的掌握和理解速度。这对于新入行的咨询顾问在短时间内迅速成长起来，赢得客户的信任和尊重是非常重要的。

（4）团队协作能力

其实也是一种极强的资源协调能力，作为项目人员，你经常会接触很多人，客户、其他项目人员、公司同事以及其他合作供应商等。如何将这些人员资源有效地协调好，使得项目在最短的时间完成是非常重要的。

（5）商业敏感度

做咨询很多时候要通过问题看到本质，虽然说咨询公司不限专业，但是如果没有基本的商业意识也是不行的。平时就要多看看商业网站、杂志，多关注不同行业的动态，对行业要有基本的认识。

（6）领导力

对此没有一个绝对的评价，对于知名组织／比赛的领导职位是认可的，比如挑战杯竞赛等。

还有就是多维任务操作能力，高压工作适应能力等，这些都是求职者需要具备的。

同时还有些基础要求，比如办公软件使用，比如 PPT 制作，咨询公司的交付物基本是以 PPT 的形式，因此 PPT 制作能力几乎是一名合格的咨询顾问必备的技能。另外，PPT 作为一种展现形式，它的内核在于其中蕴含的解决问题的逻辑。在咨询行业，一份好的 PPT 可都是价值百万！优秀的英语能力，MBB 一类的咨询公司的客户包括很多跨国企业，流利的英语也是必不可少的技能，这一点也是很多留学生的优势所在。

从上述对比来看，战略职能人员在核心素质方面出现惊人的一致性：学历要求；分析与逻辑能力、沟通表达协调能力、快速学习能力、敏感度、领导能力、抗压能力等；其余还会根据实际情况来要求，比如基本的一些办公及专业工具技能。当然对于战略 BP 来说，会设定一些工作经验、行业经历、项目资质等要求。

以作者多年从事相关工作的经验来举例，在面对面招聘沟通的场景，可以通过三个方面的体察最后判定这个人是不是你想要的。当然我觉得例子相对比较通用，在实际过程中会有些调整，比如针对不同行业的不同岗位，对于战略 BP 在经验和从业资质方面可能提出独特的要求，或者在专业上有些特定限制，但总体的基本面及素质方面基本相同。

第一，硬指标和软指标

在硬指标方面，首先学历，全日制本科及以上，再看毕业学校，MBB 主攻战略层面，门槛之高难于上青天，每年录取率不足 1％，某网络招聘渠道曾经对麦肯锡、波士顿、贝恩三家咨询公司做过员工教育背景分析：17％来自北京大学；14%来自清华大学；27%来自复旦大学；22%来自上海交通大学。国内的话，"985"/"211"/"双一流"已经算是放开很大范围，同时还是因为战略 BP 服务业务，要求中一部分偏业务经验，看起来比纯咨询（尤其顶级咨询公司）相对低好多。

这里还需要进一步分析：一是如果研究生，也要看第一学历；二是很多人会提出疑问：名校生就有优势吗？答案是肯定的；最后看专业，基本我不特别关注专业，但会对跨学科双学位这种会加分，总体上还是根据服务对象和职能要求来。学历、学校、专业是相对有型的，从中你也可以发现对方的"学习能力"方面的特征，之后的一些信息也可验证。

在软指标方面，除了信息交叉验证外，一般经过半个小时的沟通后，你会有所感受。同时我们要对"聪明"这个词在行为上的体现做一个澄清，高理解力、灵活、敏感、好奇心都是"聪明"的表现，但务必不要将"口水言语"当作"聪明"，有的人侃侃而谈，但说不到重点，有的人看似木讷，但经常一语中的。在这个方向，个人还是更倾向于有韧性、有耐力、能坐得住的人，当然这与个人倾向有点关系。

第二，主要是基本技能

包含几个方面：首先是基本工具的使用，既有常规办公使用的文字、数据处理方面的，比如 Word、Excel；也有更好进行展现表达的，比如 PPT，还有专业的信息获取和处理的软件，比如 Python、SPSS 或是 SAS。

关于经验和资质，基本信息从简历中来，以此为依据进行沟通，主要是两个侧面：

一个是生活工作经历的观感与处理，从中可以了解其理解力、洞察力、对新事物的敏感度和好奇心；另一个是经历的项目或是重点的工作，既考察其资质，又能从中了解其各种能力，但务必要针对谈论对象进行抽丝剥茧，关注其参与的角色，体察其领导能力，描述其成果，了解其沟通协调能力，讨论其中遇到的问题与困难，评估其逻辑分析及解决问题能力等。尤其是需要举例一些极端情况，观察其在此情况下看待事物、挖掘问题、处理方式的情况，一定是细节。

第三，在之前提及的"其他"类别

我经常问的一个问题是：你有什么"骨灰级"爱好吗？这里有两个关键词。第一个是爱好，表达兴趣，对一件事情的倾向性情绪，也可以表达个体的特性，甚至体现特长。这里的爱好不是消遣性的。比如旅游，如果就是走走看看，比如看电影，如果就是买张电影票去影院消遣的，比如听音乐，戴着耳机娱乐的，其实都不能算真正的兴趣爱好，因为这些都"不费力"，用现在流行的一个字，就是"熵"，这些都属于"熵增"性的活动。

但是如果旅游后，记录过程，或是专栏作家，或是垂直领域 UP 主，如果是观影后，逐渐有鉴赏力，并能发表独特观点，甚至在专业社区中具有一定影响力等，就成了"熵减"性活动。这样便连接到了第二个关键词：骨灰级。这是一个形容词，有点夸张，但对我们对于人的识别度，反而觉得是恰如其分。"骨灰级"体现在两个方面：一方面是持之以恒，是"真"兴趣所在；另一方面是鞭辟入里，是"深"度经历。如此两方面不但能体现特性，更能在生活、工作之余多一个沟通交流渠道，还能抗压。

第六节 "知行合一"过程中的困难

杨浩所在的战略发展部曾经遇到过一次由战略 BP 工作引发的业务单元集体抵制的事件，并作为一个重要的议题在总经理办公会上提出来，双方各执一词，无果后，老板指定了总经办联合组织部开展调研工作，并诊断问题，提出解决方案。

首先对战略 BP 们进行了逐一的访谈。

甲：我是集团派过来的，负责战略落地，推动他们财务和业务目标达成的。但他们自己搞一套，我提出应该严格执行集团要求的时候，根本就不理，更甚者，很多会议都没有叫我参加，我如何开展工作呢？

甲 BP 的业务部门的反馈是：我们是一个孵化器的业务，先要活下来。这个人高高在上，说话口气不小，根本不去了解业务的实际情况，素质再高，能力再强，白衣秀才不沾尘土，那怎么行？

…… ……

乙：我目前的 BP 工作破冰情况不好，他们比较忙，也约不到，了解情况不多，也不敢给什么建议，想要做个专题分析，数据少得可怜，集团的数据颗粒度太大，难以得出超出业务部门人员的一些结论。

甲 BP 的业务部门在调研部门的再三要求下才有了反馈：他能力很强的，做得也很好，感谢集团对我们的支持，我们将一如既往努力工作，顺利完成集团给我们的任务。

当被问及乙如何"好"时，对方列举了诸多"事实"：事无巨细给我们宣贯了战略，经常对我们的同业者做分析，与我们共享，有观点，有建议，非常好！

再问：既然这么好，业务数据为什么不共享，以便他能给你们更好的发展建议呢？

答道：我们还属于发展中的战略性业务，集团很重视，之前也出现过一些数据泄露的事故，现在如果要拿一个数据进行分析，需要集团、业务单元领导的层层审批，可以去申请……

……　……

丙：感觉业务部分不太爱搭理，当然可能是业务单元的整体发展比较平稳，业务架构和内部管理体系比较平稳，体量与能力在垂直赛道中也处于靠前的水平。大部分人看起来比较骄傲。

丙 BP 的业务部门：我们的业务处于红海市场，现在重点的工作在于找新客户、在新领域拓展，而不是在老业务那边调整。我们希望集团给我们提供有效的工具，而不是提供可能导致资源损耗的方法。

丁：我工作很忙，业务这边的领导天天给我布置任务，天天开会，忙不过来了，没有一点自主性，我入职业务线算了。

丁 BP 的业务部门：我们需要，能力不错，配合也不错，已经和我们融为一体了。

戊：总感觉我们之间的关系有些微妙，仿佛"我本将心向明月，奈何明月照沟渠"。

戊 BP 的业务部门：业务部门辛苦啊，天天加班，集团控制着资源……

由总经办和组织部联合开展的调研工作最终的结论是组织与职能结构设

置合理，符合公司发展现状，但在不同职能间协作上出现磨合问题，需要双方摒弃前嫌，精诚合作，取长补短，开创发展新局面。

——对此结论，我觉得还是客观的，林林总总的隔阂间隙是一类新"物种"发展过程中必然会出现，不是结构问题，也不是本身个体的问题，而是两者的问题。

好像男女两人开始相亲，女士青春靓丽、善解人意；男士气宇轩昂、风度翩翩，两人彼此都很有好感，恋爱期间也是甜甜蜜蜜。之后，他们情投意合，决定步入婚姻殿堂！一段蜜月期后，他们发现鸡毛蒜皮的事情都可能影响两个人的相处，吵架、指责、告状……甚至到最后会离婚，但更多是随着时间的流逝，双方对对方的信任及对情感的坚持，度过了磨合期，往后相亲相爱，相伴到老。

如此类比，也许有稍许牵强，但总体符合现象。目前看是大部分是个体行为的问题。比如上述案例中所体现的问题是什么呢？

甲看起来不太懂业务，业务部门反弹，协作不顺……

乙看起来还未破冰，如何开展工作？

丙看起来其能力与业务方需求不匹配，要么丙调整自己，要么集团调整丙……

丁看起来协作还好，但业务方强势，丁成了其"跟班"的角色，难以承担集团赋予的"突破"性的使命……

戊看起来和业务方有些隔阂，确切来说没有发挥承上启下作用，拉动资源下放为业务争取资源，当然这很难，甚至可能双方都没有意识到这点……

那么对于战略 BP 而言，该如何化解这种过于亲近便成"业务小弟"，过于疏远又成"熟悉的陌生人"的尴尬处境呢？

第二章

从业者的窘境

引　子

北方中心城市的一座大厦内，从下到上灯火通明。

17楼战略发展部办公室里，几乎全员在岗，人头攒动，却安静异常。资深分析师杨浩聚精会神地敲打着键盘，偶尔若有所思般抬头望望窗外。不知是阶段工作成果超出预期，还是大楼的供暖稍稍有点过度，他脸上微微泛起红晕，抹了一下额头，随手将外套脱下挂在椅子上后又目不转睛地盯着电脑屏幕。楼下单行道上驶过的车流如时间流逝，从一头到另一头，永不间断，只是两边的光线逐渐变了色。这边，杨浩用手指在触摸屏上快速划过一页页PPT，从整体逻辑到模块构建，从观点提炼到论据佐证，从数据引用到案例分析，从语言文字到标点符号……细致入微，逐一确认后，这才长舒一口气，闲适地靠在办公椅上，脸上露出一丝稍显疲惫的笑意，如一个艺术家终于完成了一件艺术品一般，反复欣赏了几遍，随即召集组内成员进行最后的讨论——明天一早便可在总经理办公会上进行汇报，必将让领导们眼前一亮，一个重要的决策又将诞生。作为项目组核心成员，杨浩他们的建议将深刻地影响着公司的发展——即便他几乎已经忘了这段时间有多少个日夜如当下这么度过……

往上一层，18楼公司CEO办公室内，这一刻同样没有一丝声响，间或窗外传来汽车的鸣笛声，也搅动不了在场几个人的思绪。CEO梁志强站起来，在偌大的办公室里来回踱了几步后，回到座位上，缓缓说道："防范风险，节约成本，降本增效，提高人均效能的原则不变，方案总体可行，按刚才大家的意见稍微改动即可，不过推动后台支持前端的要加大，嗯……战略发展部，直接按部门编制解散，人员放到各个业务线的方式处理就行了，你们看呢？"

几个副总裁看起来有点乏了，顺势点头表示赞同。

午夜已至，平行的视角朝大楼一眼望去，17楼依旧热火朝天，而18楼的灯光已悄然熄灭。

显而易见，等待杨浩的将不是众人对项目成果的赞叹与掌声，而是一场冷冰冰的谈话……由于在工作定位、职能等方面未能与业务线达成有效共识，杨浩最后选择了离开，这距离他入职这家公司只有一年时间。

"企业中战略相关职能人员成为裁员的第一顺位选择"——那位人力资源总监可能是一时即兴的总结，但却真实地揭示了这个领域从业者的一个窘境：无论基于成本还是收益，或者业绩贡献的直接还是间接，抑或是后台支持、中台服务还是前段拓展等角度考虑进行"优化"，战略职能往往被单列出来成为那个"超出逻辑"的例外首选。

如果读者认为"窘境"的现实表达只是如上形式的话，那就大错特错了。案例中的杨浩先生，曾经在千亿营收的央企战略部门工作过，彼时的工作内容不是综合各部门的材料进行加工，就是为创造新概念新词汇而绞尽脑汁，职能成为一种花样摆设。之后去了一家体量大概在百亿左右的正处于成长期的私营企业，想着解开束缚，大干一番，不承想其"战略"大多来自老板的个人想法，之所以设立战略部门，原因居然是"很多大企业都已经设立了，我们公司都这个体量了，也该设立一个"，但不知道如何使用这个部门，也不知道如何衡量其成果，最终也只能将这位好不容易请来的"专家"，又请了出去。而第三站便是前边提及的那个"大厂"……这接二连三的境遇，甚至让杨浩产生了转行的念头，当然后边的这是题外话了，暂且不表。

以从业者为中心，看完需求侧，我们再来看看供给侧，窥豹一斑而知全貌，以2021年某在线职业平台数据看，全年战略管理系列岗位累计不超过150个，而单人力资源岗位将近15 000个，后者是前者的整整100倍，行政岗位超过12万个，财务经理岗位超过58万个，销售经理更是达到了436万个。这诚然与分工本身工作内容与影响面有莫大关系，但一旦将数字摆在大家面前的时候，还是不由地将这种情形用"残酷"去形容。

我们再将视角放大，可以找到更多的影响维度。20世纪七八十年代，美国企业中大量从事战略规划工作的人员转岗。究其原因，与经济环境变化关系甚密，经济环境变化需要企业实践相适应，而实践行动需要理论来引领……这如同"蝴蝶效应"发挥作用。彼时美国经济出现衰退，战略理论与实践出现巨大的反差，战略规划理论向战略管理理论演变，将战略规划与战略问题合二为一，不仅需要关注企业本身生产及相关资源在内部的分配，同时需要开始重视环境给企业的巨大影响。这不仅包括技术的发展、经济的变化，也需要关注社会心理与政治力量的影响，融入组织社会学，注意内容、背景和过程的相互作用。一个小小的现象剖析出来，相关因素包含本土文化、理论特点、发展阶段、企业市场化成熟度、从业者自身能力等。

所有管理学的理论都来源于实践经验的总结、提炼与系统化，并作用于实践应用，战略领域理论亦是如此，更何况战略通常显得更加抽象，对具象行为的影响体现出更远的路径与更大变化的可能，于是这个领域的理论在落地实践过程中遇到各种悖论。

第一节 有用论与无用论

有用与无用悖论体现在两个方面。一方面在于现代的战略相关理论，陷入了一种思辨的怪圈，要么陷入过于文绉绉的辞藻，要么大量引用纷繁复杂的经济学定量模型，看起来很有深度，甚至让人觉得战略深不可测，因此敬而远之。如果你是一个注重实战的企业家，即使读遍中外战略管理理论著作，也总有一种无所适从的感觉，或者发现对自己在解决企业实际问题上的帮助非常有限——"无用论"随之而来。

另一方面存在于常识性逻辑盲点——"无用"观点的存在基础便是"有用"，也就是说"无用"与"有用"是这个悖论互相依存的两面，之所以在某些圈内存在看起来"无休止"的争论，主要还是立场先行，而认识一个问题的逻辑被远远抛在脑后。这方面本身不应该是一个问题，因为现在战略相关的理论作为管理学的分支，就应该是实用的、无处不在的，要知道管理学作为一门理论早些年被定义为是应用经济学范畴，只不过后来发展壮大，逐渐脱离出来成为一门独立而又庞大的学科，但其"实用"的基因永远存在于"血脉"中。

一、战略无用论

1. "战略无用论"的现实基础

从客观角度来说，"战略无用论"也是有现实基础的，究其原因在于"战略"更多的是一个主观的概念，在"主动选择"的目标驱动下，才是一个相对有效的概念，比如在达尔文生物进化论中，依赖的不是生存战略，而是随机基因的无规则（基于人类现代科学视角）而存活。例如有的企业，从不花时间和精力思考市场、客户和需求，在商业过程中积累自己的竞争力，而是毫无重点，要么无主张地跟随，看别人做什么，自己也去做什么；要么浅尝辄止，导致资源分散，此为典型的"机会主义"者，在他们眼里，着眼眼前，厌恶更长远的计划，随波逐流便好，从实际观察来看，其中不乏"关系户"企业，非市场化的信息差为幌子，以短暂的经济利益为核心目标，打一"枪"换一个地方，甚至不值一谈。

在部分宣扬"战略无用论"的企业中，其管理层亦深感战略之遥远与抽象，视之为形而上学的空谈，因而不愿投入精力深入研究。然而，他们与众不同之处在于，将"未来数年内预期达到的具体收入规模"作为战略规划的核心内容，并将此经营目标细化至每年的执行计划中。这种做法实质上是将战略与经营混为一谈，导致在经营活动中频繁讨论战略问题，而在制定战略时又过分纠结于经营细节。

2. 经验主义与战略困境

一家企业从初创阶段逐步发展至一定规模，乃至成为大型企业的过程中，每一次阶段性的飞跃都犹如鲤鱼跃龙门，若缺乏战略的有力支撑，便难以实现质的飞跃。用管理学界一句广为流传的话语来描述这一现象再恰当不过了：那就是用战术上的勤奋来掩盖战略上的懒惰。

部分企业在发展过程中，因过往顺利而对成功经验过于自信，认为继续遵循这些经验并努力工作就能持续成功。然而，这些企业未对经验进行深入分析和提炼，未能发现其背后的规律，也未能将经验与客观趋势相结合。在市场形势良好时，众多企业可以顺势快速发展，一旦市场环境恶化、竞争加剧，仅凭过去的成功经验往往难以应对新的挑战。

经验主义者常说"事情是干出来的，不是想出来的"，他们认为只要按照过去的成功经验行事，就能走向未来。然而，经验虽是知识的重要来源，但如果缺乏对经验的深入分析和思考，不能与时俱进地结合环境和趋势的变化，那么过分依赖经验可能会将企业带入困境。因此，企业在发展过程中应保持清醒的头脑，既要珍视和总结过往的成功经验，又要敢于突破和创新，以适应不断变化的市场环境。

3. 教条主义与战略误导

教条主义者常将他人的成功战略盲目移植到自身，期望获得显著效果，但结果往往大相径庭。他们因此感到沮丧，并批评这些战略为无用之物。例如，有些管理者希望通过阅读一本书或借鉴一套方法论来制定公司的战略。然而，一些咨询公司对战略的研究并不深入，缺乏实践经验，受到某些大公司经验的影响，坚持使用一套固定的战略打法，出售标准化的战略方案。这类案例比比皆是，甚至包括一些知名企业。

教条主义的错误在于将理论与实践的关系固化，忽视了企业成长的阶段性、行业特殊性以及现实环境的差异性。近年来，一些企业掀起了一股学习某先进企业的热潮。将该公司的历史和当前实践模型提到了极高的地位，如BLM（业务领先模型）、IPD（集成产品开发）和一线拓展铁三角等概念广为流传，似乎成为不可动摇的"真理"。然而，无论企业规模如何，面向企业还是消费者的业务，盲目模仿往往导致不理想的结果，甚至被误导，陷入自我认知混乱的状态。

战略这一概念，其门槛之低令人皆能涉足讨论，而其上限之高则似乎无边界可言。这种特性使得战略的涵盖范围及其可拓展的深度具有极大的弹性，进而对从事此领域工作的专业人士提出了极高的要求。确实，所猜测的正是我想要表达的观点。当前，"战略无用论"之所以盛行，除了与应用者的认知水平、应用环境的成熟度等因素相关外，最主要的原因在于从业者在理论发展与实践应用方面未能达到战略所要求的高度。换言之，我们这些从业者未能充分履行职责，从而导致了"百无一用是深情"的尴尬局面。

在这里暂时不去讨论"战略的概念"（后面内容再涉及），不细究战略管理体系性的理论（战略分析、战略决策、战略规划、战略分解、战略控制、战略评估等），也不教授战略工具的使用方法，主要（根据观察和经验）列举一些从业者在日常工作过程中常常忽略的细节与大家共勉。这些细节常常有如下这几个特征：看起来微乎其微实际事关大局，涉及思维和习惯不容易察觉，反而"习以为常"。

二、有战略远比没有战略好

在市场、技术、宏观经济环境日益呈现出不确定性、测不准状态的时候，很多人越来越相信"战略无用论"，谈论战略被认为是书呆子们、商学院从没经营过公司却要告诉别人怎样经营的教授们的事。面对如此论调的环境，很多习惯于危言耸听的从业者未开展工作便已经感到不安，那么我们再来回顾一下那个关于"一张错误地图"的故事。

欧洲战争史上有过这样一件事情：一支几百人的小部队在瑞士与德国之间的崇山峻岭间迷路了。给养越来越少，而指挥官发现，在盲目找路的过程中部队在深山里越陷越深。士气低迷自不必说，抱怨、指责的情绪日益高涨，部队甚至已经开始分裂成几派，准备按各自认定的方向逃命。指挥官心里很清楚，内讧和哗变一触即发，但他仍然一筹莫展。

一天，他们发现了山脚下有一座房子。当士兵们走进屋子的时候，他们大失所望——原来这是一间早就无人居住的房子，除了一些破旧的家具，一点食物也找不到。突然，一个士兵高兴大叫起来，原来他在破柜子里发现了一张发黄的手绘地图。地图上画着一座座山峰，并用拉丁文标明山峰的名称，只可惜队伍里没有谁学过拉丁文。军官们传看了这张地图之后，一致认定，这就是这个地区的地形图。所有的人都看到了希望，各种纷争顿时平息，士气也为之一振。

指挥官拿着这张地图想带领部队走出死亡之谷。但让他苦恼的是，这张地图太过简略，比例尺很不精确，有时沿着地图指引的方向行军，发现前面无路可走。但毕竟有胜于无。他们一边看地形，一边猜地图，两天之后，指挥官发现眼前是一大片平原，远处隐约可见几座村庄。

指挥官一直珍藏着这张救了他一命的地图。几年以后，他拿出这张地图，向自己的一个朋友讲述那段经历。这位朋友拿着这张地图认真地看了起来，指挥官才想起来，他的这位朋友是懂拉丁文的。朋友仔细看完地图，摇摇头，意味深长地笑了笑，指着地图上方的那行字，告诉指挥官，这是一张奥地利南部山区的地图。指挥官先是愕然，随后恍然大悟。两个朋友相视而笑。

他们在"笑"什么呢？也许是"乌龙事件"的滑稽，也许是劫后余生的庆幸。当我们把这个小故事作为管理案例的时候，发现这张相当于指引方向的"错误地图"在极其艰苦的环境下发挥了某种正确而且极其重要的作用——消除内耗、重建共识，尤其是面对复杂的组织行为时。而我们应用战略的重要目标对象便是现代最常见的组织、企业以及一个由各种因素成长起来，又由不同驱动发展的经济体，那么可以说紊乱、分裂、无序的组织意识导致的一定是紊乱、非连贯性、自我破坏的组织行为。

那张地图是错误的，但它在混乱中起到了"定海神针"的作用，让无谓的纷争、摇摆止息。知止而后有定，定而后能静，静而后能安，安而后能得。它的确可能无法告诉部队该往哪里走才能摆脱困境，但它能让调整和改变获得某种连贯性，能保证部队大致朝一个方向走，而不是今天向南走，明天要北走，最后的结果基本上是原地不动。

相较于一张错误的"地图"，完全没有"地图"的情况更为糟糕。先因此行动起来吧！

三、过往的行动都是为提升"到达期望目标"的概率服务

没有战略是企业管理人员认识的一个极端，要求战略精确、立竿见影，直接指向"成功"则是另一个极端。战略的一个重要功能是确定方向，从业者的最大职能便是通过分析、预测、洞察，提供判断建议，最大限度让确定的方向符合内外变化，并驱动措施最大程度（快速）到达目标。这里包含两个主要概念，一个是正确的方向（而不是精确的方向），另一个是驱动目标实现（而不是必然实现目标）。

一个地区有两所一贯制义务教育学校 A、B，两所高中甲、乙。有一个学生目标是考上重点大学，进入高中甲和乙考上重点大学的概率分别为 40％、20％，从 A 和 B 考入甲的概率也分别是 40％、20％。至此我们抛开各类客观因素，该学生的最优路径应该是进入 A、考进甲，再完成目标（进入重点大学），总体概率在 16％，其余的路径概率均小于 16％。

同时我们需要接受这样几个事实：即使遵循了 A—甲的路径，也有可能考不上重点大学；考上重点大学的路径还有 A—乙，B—甲，B—乙，只不过总体的概率相对较小（8％，8％，4％）。

战略理论作为管理学理论的一个重要分支，脱离不了其追求最优解的宗旨。

互联网时代产品经理奉为圭臬的最小可行性产品（minimum viable product，简称 MVP）方法其核心思想是通过不断收集客户的反馈来开发产品或服务，从而可以降低产品 / 服务失败的风险（开发—衡量—学习，提高产品成功概率），这是埃里克·莱斯在《精益创业》中提出的理论，在此指导下研发出来的产品具有功能极简、可被使用、开发成本低、适合快速迭代等特点。其底层原理与我们所要阐述的不谋而合。

四、在战略学范畴下几乎没有普适的管理理论和分析工具

解释这个观点可能有点困难，首先是与"想当然"的现象相悖，各种屏幕上名人的演讲中，各种书店里畅销书籍封面上，"战略"二字"泛滥"，理论与概念应该早就被理解与接受，并消化吸收，以至于应用，可惜掀开"表面的装饰"，当前的战略学理论体系依旧停留在 20 世纪的水平，近二三十年来几乎未见任何显著的发展。其次，管理学作为一门总结性的学科，原先被归类于应用经济学范畴之内，直至临近千禧年之际，才正式将管理学从经济学领域独立出来，形成一个自主的学科门类。

值得注意的是，20 世纪不同阶段所构建的战略理论以及相应的分析工具，均不可避免地带有其产生时的历史与时代局限性（后续章节将对此进行详细阐述）。然而，在众多情况下，我们选择退而求其次，即在忽略了部分条件的基础上，仍然可以在不确定性中持续前进。

在此观点下，引申出一个看似有些矛盾的问题：为什么很多（甚至可能是所有）分析战略问题的场景下都会使用波士顿矩阵这类的工具？它们也诞生于 20 世纪早些年间，现在依旧流行，依旧"有用"。

我的答案是：因为这些分析工具够简单实用！

从生物学的角度了解到简单的生物体更容易适应环境，再加上效果的"实用"，其具有更加顽强的生命力——显然，这个理由有点靠不住，难以服众；另一方面，管理学是一门数学、经济学、行为学等交叉的学科，而战略管理学需要关注的要素太多，更多的难以量化或者获得绝对的定论，这就显示出战略的"宏观性"，但同时，从业者还是需要一定的工具去完成某个程度的专业判断，而波士顿矩阵正好符合这种分析所需的详细程度要求。

我们来探讨一下，相对于四象限的波士顿工具，演化后的九象限分析工具通用矩阵，虽然改进了波士顿矩阵过于"简化"的不足，但是也因此出现了新的问题：

（1）首先，用综合指标来测算产业吸引力和企业的竞争地位，这些指标在不同产业或不同企业的表现可能会产生不一致，评价结果也会由于指标权属分配的不准确而带来偏差；

（2）其次，划分较细，对于业务类型较多的多元化大公司必要性不大，且需要更多数据，方法比较繁杂，不易操作。

由此通用矩阵在波士顿矩阵基础上进行了细化，好似更加精确，但实际上方法论后的结果可能不稳定，偏差较大，给后一步人的判断带来重大负担，再加上存在操作性障碍，该工具便隐匿在工具箱的角落中。

再回到主观点，作为战略分析工具，波士顿矩阵暗含了一个假设：企业的市场份额与投资回报是成正比的。但在有些情况下这种假设可能是不成立或不全面的。另一个条件是，资金是企业的主要资源，但在许多企业内，要进行规划和均衡的重要资源不仅是资金，还有技术、时间和人员的创造力。

在实际操作中，确定各项业务的市场增长率及其相对市场占有率是一项挑战，且随着时间推移，这一任务变得愈发困难。在过去，当产业界限较为明确时，例如工业时代鼎盛时期，波士顿矩阵模型的两个象限的界定过程要简单得多。然而，进入信息时代后，由于信息不对称的消除、产业界限的模糊化、变革动力的不确定性以及实际竞争对手的定位难度增加，相对市场数据的获取仿佛成为一项遥不可及的任务。

在实际工作中，从业者不仅需要掌握理论和工具的应用，还必须了解其形成的背景和使用范围，并对分析结果保持必要的"警惕"，时刻注意可能存在的认知偏差位于何处。

五、"假设"思考方式，能让你高效工作

这是 BCG（波士顿咨询公司）高管被问及自己公司的咨询顾问为何工作效率如此高时所作的解释。对此，我深以为然。

无论在企业管理还是咨询顾问的实际工作中，面对杂乱纷繁的信息以及一不小心便涉及不熟悉的领域的现象，战略从业者经常会不小心犯两个严重影响工作效率的错误：

一个是分析始终过于开放，甚至面面俱到，没有重点；

另一个是逻辑的缺失，往往开头激情澎湃，长篇大论，下结论及给建议时完全忽视了之前已做的各种分析，导致前后缺乏逻辑的衔接，为分析而分析，为建议而建议。

而"假设"思考方式往往能弥补这方面的不足。

在《BCG 视野：假设驱动管理的魅力》一书中，作者内田和成向我们详细介绍了现在广泛所使用的解决问题的思维工具，虽然看起来有点陈旧，但是思维工具永远不会过时，而且历久弥新，因为掌握它需要更多练习和运用。

什么是假设思考？就是限定一个现阶段最接近答案的答案，这需要把现场体验和个人经验结合起来。在信息泛滥的社会中，假设思考还有一个好处就是剔除庞杂的、冗余的信息。这点倒是很有好处：一是很多人信息太多无

所适从，因为网络信息多就以为占得优势，殊不知有些信息是"负价值"，反而扰乱了本身的思考效率；二是，特别是对于初级选手来说，简短的思考训练对于其建立信心是非常重要的。

如何通过设定假设来构建整体框架？这并不难理解。首先，假设一个中心观点，然后识别并分析影响该中心观点的主要因素，并进行论证。完成论证后，下一步就是举措的假设。例如，书中提到石坂公成的导师要求他先写论文再进行实验，这实际上是运用假设思维来构建整体框架，并通过实验来进行验证的过程。

那么，如果基于错误的信息设定了假设该怎么办？原因之一可能是缺乏经验和深思熟虑；其二，这在一定程度上是正常的，因为证伪本身也是一种进步。此外，在实际情况下，完全被推翻的假设其实并不常见。

当然，我们有时会认为"分析能力比假设能力更为重要"。我认为这种观点恰恰强调了假设能力的重要性。实际上，分析能力同样重要，因为没有分析，假设如何得到论证？仅仅依赖专家意见和小组讨论是不够的。永远要记住，只有经过深思熟虑的观点才能经得起挑战，永远不要采取"拿来主义"的轻率态度，那简直是不负责任的表现。

如何正确运用假设？实际上，这个问题并不复杂。假设作为一种工具，能够有效地推动工作的进行。正如"独孤九剑"这样的高深武学，如果不通过刻苦的练习和一定的天赋，是无法掌握的。因此，除了方法之外，还需要坚持不懈的努力和坚定的品质来确保工作的有效推进。

在解决问题的过程中，假设分为两种：用于发现问题的假设和用于解决问题的假设。例如，一个人尽管学历背景良好且智力不差，却无法掌握"假设方法"，这可能是由于缺乏努力、方法不当或其他原因。这些"可能"构成了发现问题的假设。而针对方法不当的问题，是否可以考虑向专家学习，或者参加在线 MOOC 课程？这些"是否"则是解决问题的假设。

重复验证假设的重要性不容忽视，正如当前互联网产品所倡导的"小步快跑"理念（如之前提到的 MVP 方法论）所体现的那样。因此，并非所有方法都是随着新业态的产生而新创的，它们只是被赋予了新的外在形式。特别是对于高频使用的产品而言，重复验证显得尤为有效，因而被互联网行业视为珍宝。日本 7-11 便利店的运营策略亦是如此。至于为何尿不湿旁边会摆放灌装啤酒，这些问题都指向了一个核心——回到原点如何构建合理的假设？

构建假设的过程可能源于访谈和深思的瞬间，其方法并无固定模式，这或许令人失望。然而，这也恰恰凸显了经验和直觉的价值，以及盲目依赖数据的局限性。当然，根据已有的分析结果来构建假设也是一种可行的途径。

在此，需要强调的是实地调研至关重要，因为二手资料有时并不可靠。

关于访谈的基本方法，此处不赘述。专业性是至关重要的，因此必须避免不正式的着装和姿态，除非你具有乔布斯那样的影响力。然而，即便是乔布斯，也绝不会采取上述非专业的方式进行交流。专业人士自然展现出其专业形象，正如成功背后总有其必然的原因一样。

对于假设的好坏，虽然没有绝对的排斥界限，但它们之间确实存在差异。如何区分？首先，一个好的假设能够深入探究；其次，它能够激发行动。在提出假设之后，还需要通过验证来确认其有效性。这可以通过多种方法实现：实验主导的验证、讨论主导的验证以及分析主导的验证。

如何提高假设思考力？首先是直觉，直觉源自经验。因此，磨炼直觉、第六感。经常思考"那会怎样？"即那意味着什么。不断问"为什么"。其次，在日常生活中不断训练，特别是证明自己不相信的假设的正确性。再次，在实际工作中进行训练，训练方法包括戴上对方的眼镜看问题，模拟上司的决策过程。最后，不要害怕失败——提高心智韧性。

记住越是有创造的假设就越容易失败，心智越锤炼越强。

在这里，我们借用内田和成在总结篇章中对其观点的阐述再次强调"假设"思考在战略领域开展工作的重要性。

（1）假设的效果——加快工作速度，提高工作质量。在经营管理的问题上，运用假设思考可以加快发现并整理问题本质的速度。同时，可以提高工作质量。

（2）就算你心里不舒服，也要从结论开始思考。假设思考的优异之处在于，它会刺激人的大脑，因为你是在缺乏证据的情况下谈论问题。

（3）从失败中学习——即使错了，只要重做即可。掌握假设思考的关键在于，不管好坏，你要先用少量信息思考问题。反之，即使你不断运用网络思考，也只能加快操作速度，并不能特别加快找出解答的速度。然而，如果你不断运用假设思考，便能大幅提高找出解答的速度，并提高解答的质量。

（4）将身边的领导、同事、家人、朋友当成联系对象。亲密的人，假设错误时，伤害更小。所以在企业里，企业主要鼓励员工运用假设思考，以开放宽容的心态鼓励员工进行脑力激荡，实际上是在培养员工洞察问题、解决问题的能力。

（5）要成为能描绘"主干"而不是"细枝末节"的人。在商业活动中，重要的不是你做了多少努力，也不是你如何正确地做了调查分析，而是你在短时间内能拿出多么好的解答，并迅速加以实施。

六、培养自己的使命感，那是战略工作者持续动力的能量之源

克劳塞维茨在《战争论》中有这样一段话："要使精神穿过意外事态的迷雾，要在这个接连不断的战争中取得胜利，需要具备两个特性：一是即使身处黑暗内心依然发光、追求真相的理性，二是朝那微光所照之处进发的勇气。"

我理解这里体现了在不稳定环境中领导者所应该具备的两种力量：追求

真相的心力与行动力。而从更高层次来看驱动这两种力量的是我们的使命感。

先让我们看看一个概念：第一原理，又叫第一性原理（first principle thinking）。

最早由亚里士多德提出，它相当于数学中的公理，即在对任何一个系统的探究过程中，都存在着这样一个基本假设或命题，它被称为第一原理。这个原理是不可或缺的，既不能被省略或删除，也不能被违背。

这个名词之所以广受关注，主要得益于某汽车CEO的推崇。他在一次采访中特别提到了自己对"第一原理"思考法的推崇："通过第一原理，我把事情升华到最根本的真理，然后从最核心处开始推理……"

"我们运用第一性原理，而不是比较思维去思考问题，这是极其重要的。我们在生活中倾向于比较，对别人已经做过或者正在做的事情我们也会去做，这样发展的结果只能产生细小的迭代发展。第一性原理的思考方式是从物理学的角度看待世界，也就是说一层层地剥开事物的表象，看到其内部的本质，然后再从本质出发，逐层向上推进。"这就是他理解的"第一性原理思维模型"——回溯事物的本质，重新思考如何行动。

再看《思考的技术》一书中，作者大前研一提出了他的思考方法：包括切换思考路径、用逻辑打动人心、洞悉事物本质、进行非线性思考、让构想大量涌现等。

所有这些理论和原理，虽然理解起来并不困难，但真正能做到知行合一的人又有多少呢？原因多种多样，总的来说不外乎以下几点：理论和原理总是抽象的，而现实是具体的，无论是从现实到抽象，还是从抽象到现实，都需要一定的能力；表象具有迷惑性，总有很多看似正确但实际上并非如此的"事实"，要抽丝剥茧，层层递进需要强大的力量支撑；现实又是多样的，每次递进的节奏也不同，这导致在解释具体行为时需要不同的路径，这不仅考验能力，还考验耐力。

天空为什么是蓝色的?

是因为我眼睛看到的就是蓝色?

是因为书上告诉我们是蓝色?

还是大家把"天空是蓝色的"作为社会共识?

所以天空是蓝色的?

这个现在看似很简单,几乎天天能感受的问题,存在了几千年,直到近现代才真正用科学的方法解释这个现象,这里涉及了视觉原理、散射理论、白光概念及光的波长等。

20 世纪,战后日本经济复兴时期,本田公司成功进入美国的摩托车市场,将英国的公司从该市场挤了出去(1959 年,英国占有该市场进口量的 49%,到 1966 年,本田一家便占有整个市场的 63% 份额)。

基于这个结果,英国政府聘请了 BCG(波士顿咨询集团)来帮忙解释。

BCG 通过一系列"调查与分析",发布了报告,"日本摩托车工业,尤其是该行业的领头羊本田公司,树立了一个坚持始终如一的战略的基本形象。日本制造商的经营哲学就是:通过资本集中和高自动化对每一种型号的摩托车大批量生产,从而提高了生产力。因此,他们的市场战略直接指向大规模市场每一种型号的摩托。所以我们(BCG)在观察他们时将注意力放在了其发展和市场份额之上……"报告涉及了经验曲线和高市场份额,以及贯穿整个过程的精心设计的战略,特别讲述了一个公司是如何利用国内规模化生产降低成本,通过强行进入新的细分市场——将小型摩托出售给中产阶级,来占领美国市场的。

BCG 公司响亮的品牌加持,再加上"合理"的古典定位理论,这个报告成了哈佛大学为著名的编写学习案例的蓝本,并且在该校和美国许多的商学院中被用于教授学生典型的战略行为。

而《日本管理艺术》作者之一的理查德·帕斯卡尔通过走访当事人与调查，带来了不一样的解释。

实际上，当时本田公司没有制定任何战略，只是想知道自己是否能在美国市场上出售产品，为此本田还想从支持境外工业竞争的财政部获得一项拨款，但财政部的官员非常怀疑，只允许他们在美国投资 25 万美元，而且只能有 11 万美元的现金。

开始的时候，基于公司团队的直觉，在美国市场根本没启动 50cc 摩托车的制造计划，虽然这款车在日本获得了巨大的成功，但被认为完全不适合美国市场。本田公司认为美国市场，所有的东西都要求更大并且更豪华，强调大型交通工具。"当时美国骑摩托车的都是身穿黑夹克的人，经常奔波于两地的工作人员所需的摩托车还是个空白。"于是，250cc 和 350cc 型摩托车成了本田在美国市场最初的主要车型，并且这类大功率摩托车的车把设计独特，这是很好的销售亮点。

但是，本田的经理们来到美国时，却遇到了当年摩托销售的尾声，第二年，他们开始出售一些大型摩托，又遇到了他们称为"灾难性的打击"，由于在美国摩托车行驶路段长而且速度快，本田车都抛锚了。

只是一个不经意的行为使得事情发生了一个令人惊奇的转机。为了节约成本，本田工作人员自己出行使用的是 50cc 小功率的摩托车穿梭在洛杉矶的街头，引起了人们的注意。西尔斯的采购员也在关注这个点，打电话过去表达了需求，这时候本田还在犹豫，担心损害公司在大功率摩托市场的形象，还是没有推出 50cc 的摩托车，直到当时那批大功率摩托车断货，"别无选择"，启动了 50cc 摩托车的出售计划。

结果销售额戏剧性地增长。中产阶级开始骑本田摩托车，先是小型摩托，后来变成大功率的。UCLA（加州大学洛杉矶分校）一个研究生为某集体活动拟了一个口号"骑上本田，让你成为最帅的人"，计划提交到了本田经理那里，公司仍旧在两种市场上犹豫不决，因为担心引起"黑夹克党"的反感。最后，还是销售主管说服上级领导接受了这一创意。

帕斯卡尔所描述的情况和 BCG 公司所总结的案例相差甚远，在业界引起了激烈的争论。其中明茨伯格批评道：BCG 公司报告的错误在于它的有关本田公司如何制定战略的推论，并且由此误导了所有阅读这篇报告的管理者。读一下这篇报告，它会暗示你可以将自己锁在办公室中，自作聪明地做一些竞争分析，而实际上本田从未那样去建立战略。

第二节　工具论与思维论

2021 年开年不久，受集团管理层的委托，杨浩团队针对公司教育行业业务群进行战略复盘。

复盘必然先要进行整体回顾，杨浩发现业务团队当初在进行策略选择时同样用到了经典战略分析工具 SWOT 矩阵：对外部环境进行了描述，在机会侧总结了国家政策的强力支持，并对重要的政策文件以及关键单位与主政人的讲话重点进行了摘录与解读，在威胁侧则详细归纳了几类同业者的特点及现状；同时在内部优势方面列举了资金、产品、技术及创始人情怀等内容，在劣势方面主要是行业经验、业务薄弱等。综合之后，形成综合策略：C 端互联网产品优势切入教育高频场景，通过资本操作整体收购团队，一定时期内用免费策略进入市场，并对营收目标保持一定的耐心。

而最终的结果是业务发展并未达到预期目标，甚至在与同行的对比中，产品竞争力同样不足。

经过访谈与综合分析后，杨浩团队基本也了解了大概的问题所在。他与领导沟通过程中的很多细节已经逐渐淡忘，但有一点他印象深刻：业务团队并未在新方向的具体策略形成前对内外部环境进行细致而客观的描述，以此形成洞察，为资源投入的有效性负责。言外之意是你们压根就没有好好分析，用"战略分析"作为讨好领导的工具，这很不负责！

之后不到一个月，业务团队领导调岗，逐步拉开了业务调整的大幕……

一、工具论

工具论是什么？它通常分为两类：一类是为了使其显得深奥而故意堆砌术语；另一类则是在已有"确定"结论之后，利用理论、工具和分析来寻找支撑。这里的"确定"意味着在分析者的认知中，这些结论是不可更改的；反之，如果结论是基于"假设"，则可能会隐藏某些条件，表面上逻辑严密，实则漏洞颇多。这两者的共同之处在于将工具物化，彻底剥夺了其内在的活力。

理论和工具的价值在于为人们带来益处，否则便失去了意义。战略及分析工具的支持者声称这些工具挽救了企业，并对此表示高度赞扬；而批评者则认为这些工具导致了企业的失败，并对其进行严厉指责。两派各执一词，实际上，这些工具本身具有双重作用，它们的应用既可能导向企业的成功，也可能成为失败的原因。

每种理论（或工具）都有其优势与劣势，要想取得成功，必须全面了解每种理论（或工具）的正反两面效果。关键在于在恰当的时机，以正确的方法，创造性地整合适宜的理论（或工具）。掌握何时以及如何使用特定的理论（或工具）是至关重要的。评价一个理论（或工具）的好坏，应基于其实用性而非仅仅追求新颖。

二、思维论

什么是思维论？

首先看看什么是思维？通常来讲思维就是思索、思考的意思。思维科学认为，思维是接受信息、存储信息、加工信息及输出信息的活动过程，也是概括地反映客观现实的过程。这就是思维本质的信息论观点。从生理学上讲，思维是一种高级生理现象，是脑内一种生化反应的过程，是产生第二信号系统的源泉。所谓第二信号系统，是以语言作为刺激的反应系统，与第一信号系统——以电、声、光等感官接收的信号作为刺激的反应系统相区别。从思维的本质来说，思维是具有意识的人脑对客观现实的本质属性、内部规律的自觉的、间接的和概括的反映。

思维是认识的理性阶段，在这个阶段，人们在感性认识的基础上，形成概念，并用其构成判断、推理和论证。它探索与发现事物的内部本质联系和规律性，是认识过程的高级阶段。

随着研究的深入，人们发现，有很多种思维类型，比如逻辑思维，还有形象思维、顿悟思维等思维形式的存在。逻辑思维也称为抽象思维，形象思维也称为具象思维，顿悟思维也叫灵感思维。

在这里讨论的"思维"，辅助以"战略"含义的定义，大概是思考过程中结合了的一个战略（涉及宏观的、长期的、动态的、关联的）角度与方向。经过这样的思考，所产生的结论更具有长期的生命力与竞争力。

三、工具论和思维论的关系

工具论和思维论有什么关系？是工具重要一点，还是思维更重要一点？

用本节开头杨浩团队战略复盘的例子，业务团队进行分析时用到分析工具 SWOT，这是非常普及的战略工具之一，很多企业都在使用，而且不少管理者认为按照 SWOT 的机会（O）、威胁（T）、优势（S）和劣势（W）两两组合，就把企业战略制定出来了，简单而又直接！殊不知，SWOT 作为经典的战略分析工具，流传已久，简洁实用，受到普遍欢迎并广泛使用于管理学的各个领域，SWOT 分析的核心思想是公司的独特能力与行业的竞争要求要紧密契合，关键是在公司的独特能力与资源能产生竞争优势的领域创立其市场地位。

它的最大长处是收集与描述那些对业务发展与成长有影响的内部与外部因子，是一种前期分析工具，本身并不是匹配工具，只是帮助找出成功与失败的关键因子。

作为理论工具的 SWOT 分析无疑也存在适用性与有效性问题，下面举三个较为明显的例子进行探讨：

第一，是在选择因子方面，许多因子难以明确它们到底属于哪类？对于因子的描述也过于空泛，以至于信息不准确。比如杨浩复盘案例中，公司个人互联网消费领域的产品优势依旧可以延续到教育行业 B 端领域这是一个问题，甚至在同行业者案例中也有显示，但事实恰恰相反。再如，创始人的情怀到底是优势还是劣势？说是优势，就催生了机会；说是劣势，就形成了压力！

第二，它仅仅是一个简单的罗列，没有评价与审视比较。比如内部优势方面，资金、产品、技术等，优先秩序是什么？相对的领先度又是多少？在劣势方面，行业经验、业务薄弱等，到底哪个更具决定性？这些都缺乏根据重要性对要素做出轻重缓急的区分，由于过于简单，人们甚至怀疑它是否属于真正的分析。由于缺乏优先顺序，小的机遇往往和大的威胁被看成同等重要。

第三，它的评估过程过于主观，受评估者偏见左右。所以事实上 SWOT 这个工具并不好用。

于是，便催生出了经典工具的修正——点图法，其是修正 SWOT 分析的一种重要方法，增加了要素的重要性度量。科特勒修正了 SWOT 分析方法，他提倡使用机遇与威胁矩阵，增加了机遇和威胁发生的可能性与影响力这两要素。根据发生的可能性及要素对经营业绩的影响力按大小排序。对那些影响力大，发生可能性大的因素在制定战略规划时要给予更多的重视。而对那些不重要的或发生概率小的因素在分析与战略制定时可以忽略，同样对于企业的优势和劣势也可以采用打分的方法确定其相对于竞争对手的位置。

还有一种修正的分析方法叫作机遇、威胁与绩效——重要性矩阵。它大大改进了 SWOT 分析的弱点。而斯坦福研究所的"脆弱性分析"方法是一种更加成熟的 SWOT 分析方法。它使用个人的价值判断来对因素打分，这些分值可以通过德尔菲技术来达成一致，消除个人偏见和影响。对 SWOT 分析的另一种改进：为了防止偏见和主观，一般采用业务人员评估团评分的办法，由多人评估而非个别精英评估。由此，SWOT 分析变成一种团体行为，要求各层级的经理及高层管理者参与。

在此，我们并非探讨 SWOT 分析或任何战略分析工具的有效性及其应用方式，而是旨在阐述工具论与思维论之间并无绝对的优劣之分。它们相互间存在深刻的联系：思维的实践落地需借助工具的支持，而工具的有效运用又依赖于思维的引导。

换言之，无论是进行战略思考还是参与战略研讨，均需依赖战略工具及框架模型的辅助。缺乏方法论的指导，战略工作将无从下手，无法界定其边界，也不明了其成果为何。然而，若缺少战略思维，即便掌握众多工具并进行频繁分析，也仅停留在工具层面，无法进行有效甄别与判断，亦无其价值。因此，战略工具与战略思维同等重要。

除少数天生具备卓越战略思维的伟大企业家外，大多数人的战略思维能力可以通过后天训练得以提升，而这需要系统的工具与框架模型作为支撑。部分管理者反映，尽管使用大量工具进行分析似乎都正确，但结果却未如预期。一方面，未经长期的战略思维训练，即战略工具的使用训练，企图迅速洞察战略本质，诸如简洁阐述组织战略，实为不可能，而战略工具的使用训练本身便是战略思考的重要过程；另一方面，若不了解特定战略工具的应用范围与条件，沉迷工具本身，将陷入细节之中，对战略思考毫无裨益。

总体来说，战略工具的使用前提是要有战略思维，战略思维靠系统的框架、模型及工具去落地，两者相辅相成，缺一不可。抛弃一方，放大另一方显然是不理性的，也是不可取的。

第三节   科学论与艺术论

"你所在的城市一共有多少条狗？"

这是杨浩刚毕业不久，参加一个训练营的第一天，导师问他的问题。

如果你是杨浩，你会如何去回答这个问题？

A 说：20 万条！猜的！

B 说：20 万条！曾经在某统计报告上看到的！

C 说：20 万条！印象中我们一栋楼大概 50 户，留意到大概有 10 来条狗。小区大概有 1 000 户，整个城市大概有 1 000 个小区。

…… ……

世界著名的战略咨询公司麦肯锡在几十年前就开发了"不测试知识，而测试思考方式"的考试制度。考试的内容是在考试者面前展示某项证据，然后询问，"你从这个证据当中，得到什么样的结论？""只有这些证据，没有办法得到结论吗？"这种考试可以清楚分出两种人：一种是没有足够证据就无法得到结论的人；另一种则是只有一小部分证据却可以得到结论的人。也就是说，麦肯锡重视的是如何才能导出结论，而不是有没有知识。因为懂得思考方法的人，能够胜任经营管理顾问工作的可能性较高，所以重要的是基本的思考路径，而不是知识本身。

回到"你所在的城市一共有多少条狗？"这个问题，"展示的某项证据"其实就是包含的假设条件"你所在的城市"，对于最后的答案是什么，提问者可能根本不关心，其真正关心的是回答者如何思考这个问题：比如 A 和 B 两位，体现的是信息本身，也就是知识层面，甚至 A 所提供的连知识都算不上，极端感性；而 C 则不同，将身边的现象（日常观察邻居狗的数量）进行抽象成一个相对比较确定的已知条件，再通过小区户数与城市小区数等递进关系，最后到达结论。C 的整个过程是遵循着一定的合理逻辑开展思考，而中间点的条件则经过了艺术加工，进行抽象简化。

这是一个兼具科学与艺术的过程。

一、大脑决策与战略特性

之所以这么说，因为大脑本身的思考和决策兼具有理性和感性、逻辑和想象的两面性，而我们对于大脑的认识还处于浅层次，对外界事物条件和变化的掌握永远也无法应知尽知——过分地强调科学逻辑，可能浪费时机，或是陷入"逻辑陷阱"，就像伯格的比喻："探索科学如同追求爱情，过分专注于技巧反倒可能弄巧成拙"，而过分强调艺术，则可能"拍脑袋"决策现象频出，这在我们身边比比皆是。

我们通常认为所有的事情都一定有其原因，于是竭尽全力想在"不确定"的环境中寻找"确定性"，借助一个程序，输出结果，得到想要的期待。有的相同的原因一定会造成相同的结果，比如牛顿力学以及线性思考；有的就算原因相同，所造成的结果也不尽相同，或者只要初期条件有些不同，结果就会变得无法预测，比如非线性以及复杂系统理论。它们之间的最根本区别在于因与果之间复杂联系的未知性——最后通过经验、洞察或者直觉来解决。

二、战略的科学与艺术之争

制定企业战略对于一个企业来说是至关重要的事情。但无论什么性质的企业战略都必须遵循一定客观规律才能有更大可能实现目标，尤其是在做战略分析、系统的战略管理时，这是其科学性的一面。同时另一方面在战略选择与实践中，一定要根据具体情况，随机应变地处理问题。这就是战略的艺术性，艺术性的高低，直接影响战略管理的效果。尤其是对人本身以及其思考的处理，更需注重艺术性。

当然在讨论战略的科学性和艺术性过程中，有个论调令人沮丧：即"文科生不懂科学！"暂且不论文科和理科的划分本身具有阶段的时代特征，导致必然有时代的局限性，重要的是科学思考不分文科理科！

所谓科学的思考，并不是只有理工学院的人才能够学习。其实不管是文学院还是理工学院，大学普通课程几乎是一样的，学习专业课也只有两年左右的时间。所以我并不认为这对会逻辑思考能力造成多大的影响。

就算是科学家，也有人只钻研专业知识，而让自己的思考陷入停滞的状态。因此就读文科的人，也可以借由每天的训练而学习逻辑思考，让自己拥有比就读理工科的人更合理的思考方法。总之，只要努力就一定学得会。

但是很多人随便一句"我怎么学得会"却永远把自己封闭在象牙塔中。所以，如果你读的是文科，只要想着"我可以拥有不输给理工科的思考方法"就行了。因为许多经营上的工作，只要会基本的加减乘除就足够了，换句话说，在实际的经营中，必须使用复杂计算的机会实在是少之又少。

事实上，世界上的许多人都是因为一些微小的契机，才选择了理工科或者文科。有人是因为高中数学老师的教学方式不好，让其讨厌数学才会选择文科。反之，有人是因为高中数学老师很有趣，所以才会选择理科。教育真的需要让考生了解自己擅长哪一部分。

"智人的身体演化目的并不是从事这些（农业类）活动，我们适应的活动是爬树、追羚羊，而不是弯腰清除石块，努力挑水桶。于是，人类的脊椎、膝盖、脖子和脚底就得付出代价。"

为什么人类会产生"如此致命的误判"？其实人类在历史上一直不断重蹈覆辙，道理相同：因为我们无法真正理解各种决定最后的结果。人类一心追求更加轻松的生活，于是释放出一股巨大的力量，改变了世界的面貌，但结果并没有任何人料想到，甚至也不是任何人所乐见的。

尤瓦尔·赫拉利在《人类简史》一书中描述：未来智人的终点在哪里？生物工程，仿生，另一种生命三条可能的路径？逻辑不是很清楚——当然，作者本来就表明了演化本身就不讲逻辑的。这里我们利用这本畅销书里的只言片语再次强调在事物演化过程中，最后的结果往往并不是我们所能预料的，也就是说存在"突变"，把历史时间线拉长，这种现象更加明显。之所以强调，是因为我们设计和执行战略过程中既要保持对客观规律的理解和科学使用，也要充分发挥人的独特想象和个性魅力。

于是，这又引发了另一个争论点。

第四节　先天论与后天论

明茨伯格在《战略历程：纵览战略管理学派》一书中介绍企业家学派时这样描述如何构建战略思维的架构。

如果战略是一种远见的话，这种远见在战略思维中起着什么作用呢？几乎每个人都同意战略思维是一种向前"看"的过程。但是，如果你没有同时向后看的话，怎么能够更好地向前看呢？因为对未来的任何一种正确的预见都必须建立在对过去正确理解的基础上……

也许许多人声称战略思维是从上往下看，这就好比战略家应该"坐在直升机上往下眺望"，这样才能看到"整个画面"，就是说战略家要避免只见树木不见森林，但是仅仅从上面往下"俯瞰"，任何人也无法真正地实现对整个画面清晰而完整的了解。从直升机上往下看，森林就像一张地毯，只是任何一个在森林里走过一圈的人都会知道这是一种很片面的看法，在地面上看森林绝不会像是一张地毯。林场的人们即使让他们坐在直升机里也不会比坐在办公室里的战略管理者们领会更多……

建立组织的战略就好比在杂草丛生的地上寻找砖石，战略管理者必须找到能够改变他们组织的那种思想的"珠宝"。这就需要进行大量艰苦而复杂的挖掘工作，而在这之前并没有一张已形成的挖掘"珠宝"的图纸。每个战略管理者都需要自己去绘制寻找"珠宝"的图纸。这样，战略思维就成为一种归纳性的思维活动。在上面看的同时要在下面看……

然而，你即使能够既向前看又向后看，同时既从上面看又在下面看，你仍然不一定会成为一个战略思想家。你需要做其他创造性的工作……

战略管理者与普通人的思维方式是不一样的。他们善于捕捉别人看不到的非常珍贵的"珠宝"……

他们喜欢挑战传统的观念，不受行业中的某些管理和传统的战略方法的约束，能够建立起适合自己组织的战略，将它与其他组织区别开来。因此创造性的思维活动可以称作"侧向"思维，也就是从旁边进行观察……

但是，在这个世界上存在许多的创造性的思想，多得让你应接不暇，就像去逛一个艺术长廊，各种艺术品琳琅满目。这时，战略管理者还需要从远处进行观察。创造性的思想必须与其适用的环境相匹配，必须适合将要展现却仍未明朗的未来世界。然而，从远处看不同于向前看，它是归纳过去发生的事件并构造一个理论框架，从而对预期的未来进行的一种预测，它是在直观地预测未来的不连续性。而从远处看的目的是构造一种未来，它在创造一个与众不同的环境……

还有最后一个因素。如果没有最后这个因素，以前进行的所有这些观察或研究活动，包括向前看和向后看、从上看和在下面看、从侧面看和从远处看，都将不起任何作用。换而言之，一个战略管理者要想真正具有战略眼光，还必须具备洞察力，即具有"把事物看穿"的本领。

…… ……

先天论与后天论的争论

从上述这段话中我们尝试去提炼形成战略思维所需要的一些能力或者特征（并不全面）：看问题的整体视角、拓展能力、总结归纳能力、创造创新能力、好奇心、洞察能力等。

特质领导理论的研究总是围绕着这样一个问题："领导者是天生的还是后天培养的？"这和我们所面对的问题几乎毫无区别。

坚持管理者天赋论的人认为："领导者具备一些固有的特质，如主动性、勇气、智力和幽默感，这些特质共同决定了一个人是否能够成为领导者……关键模式是与生俱来的。"在这个观点上，有两个领导理论：伟人论和特质论。根据莱茨曼及其主要追随者的观点，该理论认为国内及国际的重大事件都受到当权者的影响。从历史的角度来看，一个伟大人物的突然行为能够改变一个国家的命运。

在后来长期的研究中，管理学家们一直把领导者的各种个人性格和特征作为描述和预测其领导成效的标准，这种研究试图区分领导者和一般人的不同特点，并以此来解释他们成为领导者的原因，变成了特质论。

其基本假定是：领导才能实际上是个人人格素质的特殊结合。研究的重点放在发觉与鉴别成功领导者与非成功领导者的身心特性上。该理论先后共进行了三种不同的探讨：

第一阶段是广泛发现领导者，尤其成功领导者的一般人格素质；

第二阶段是共同特性的分析，对有关研究做文献的探讨，发觉共同受到重视之人格特性；

第三阶段则是属性的探讨，研究何种领导的情境最需要何种领导者的人格特质。

从 1940 年以来，这种利用领导者个人性格或个性特征来解释或预测领导效能的理论，逐渐被人们所抛弃，理由如下：

第一，忽视了被领导者的地位与影响作用；

第二，领导者的性格特征内容过于庞杂，而且会随着情况的变化而变化，因而根本无法求得获得成功的真正因素；

第三，难以厘清不同特质的相对重要性；

第四，各种有关实证研究所显示的结果相当不一致。

然而，现实却证明特质论一直拥有其支持者。例如，2006 年哈里森出版的《本能——发掘你的企业家基因，获得商业成功》一书宣称，通过实验证明了成功的企业家所必需的开放性思维和承担风险的性格与人体中的 RDR4 基因有关。同样，高尔顿在其著作《遗传的天才》中也阐述了类似的观点。

人们常说："三岁看大，七岁看老。"这似乎暗示了孩子的未来可从其幼时表现预测。人们经常评价"这个孩子聪明，将来有出息"，但随即又会想到"伤仲永"的故事。这种评价难道不是基于成年人的视角和标准吗？从成年人的角度出发，是否正落入了既定的框架，从而可能扼杀创新的可能性呢？对于一个孩子来说，好奇心不正是对世界无知的外在表现吗？换言之，"好奇心"应是孩童的天性，而成年人眼中的"安分"和"乖巧"恰是经过"修剪"的结果。

另一方面，人们常在所谓的"成功企业家"或"商业精英"身上看到所描述特质的显著表现，并且这些特质常常被文学作品描绘成天才般的人物形象。这难道不是"光晕效应"的体现吗？或者，这符合"幸存者偏差"的理论？

关于成功者必然拥有特殊天赋的说法，其证据难以令人信服。实际上，对商业巨头早期生活的考察得出的结论恰恰相反，他们似乎并没有任何明显的天赋，或者任何预示他们将会成为伟大人物的迹象。

对"先天论"或"特质论"持怀疑态度的人也不在少数。例如，美国作家杰夫·科尔文在其著作《哪来的天才：练习中的平凡与伟大》中，通过一系列案例和观察统计数据阐述了"天赋"概念的虚无性，以及它与"成功"之间不存在必然的因果关系。

通用传奇杰克·韦尔奇甚至在他20多岁的时候，也没有表现出商业方面的特殊倾向。他很聪明，成绩也很好，但没有人认为他将有辉煌的成就。由于家庭无力承担学费，只好进入马萨诸塞州立大学，主修的也不是工商或经济而是化学工程，之后在伊利诺伊州立大学同一专业获得硕士和博士学位。步入社会已经25岁，但仍然无法确定自己的方向，曾在费城大学和西弗吉尼亚大学寻找教职，不过最终到了通用电气公司从事化学药品的研发工作。如果要想在韦尔奇的那段人生历程中寻找促使其成为最有影响的商业管理者的证据，那将是非常艰难的，事实上也是完全不可能的。

投资界功成名就的巴菲特，被认为天生就能调配资本，很早就对金钱着迷，但他父亲是股票经纪人和投资者，11岁就在他父亲的公司工作，很小就能了解投资知识，也并没有证据表明巴菲特很小就对投资理财非常在行，表现出异于常人的特质，直到他20多岁后依旧如此……

对那些想通过天赋解释成功的人而言，另一个更有希望的人便是比尔·盖茨。年纪很小就开始痴迷电脑，13岁写下人生第一个电脑程序，之后与朋友保罗·艾伦共同创建了微软公司。他们还开办了一家名为"Traf-Data"的公司，制造分析城市汽车流量的电脑监视器，但无人购买。从哈佛退学后，他沉浸于令人兴奋和快速变化的电脑世界中。很明显，盖茨的早期兴趣直接导致他创办微软公司，但他的故事里没有任何一件事情能显示他有非凡的能力。那时候许多孩子对电脑都非常感兴趣，只不过他是第一个被人注意到的，那个时候的哈佛充斥着各种电脑"狂人"，他们都知道一场技术革命即将发生。

而加拿大作家马尔科姆·格拉德威尔在《异类：不一样的成功启示录》一书中把比尔·盖茨的故事用另类的方式续写了：

盖茨的父亲是西雅图的一个富有的律师，母亲是一个银行家的女儿。童年的盖茨比较早熟，常常觉得学校的学习生活枯燥无味。因此，在他七年级的时候，父母让他从公立学校转到了湖边学校，这是一所为西雅图上层家庭开办的私立学校，第二年中期，学校创办了一个电脑俱乐部。那年湖边学校花了 3 000 美元买了一个计算机终端设备，随后盖茨他们就"控制"了这间安置计算机终端设备的奇妙小屋——这是一件难以置信的事情，这是在 1968 年，在 20 世纪 60 年代，大部分高校都还没有什么电脑俱乐部，湖边学校购买的计算机更显得弥足珍贵。湖边学校安装的是一款 ASR-33 电传打字机。1971 年乔伊非常幸运地利用分时系统学习编程，而盖茨在 1968 年读七年级时，就开始实时编程。

后来盖茨在华盛顿大学的程序工程师组建的一个名为电脑中心公司的机构上机，直到最终破产，随后收到一家名为 ISI 公司的委托，为公司编写工资单程序，从而换取自由上机的时间。在 1971 年的 7 个月时间里，盖茨和他的同伴们得到了 ISI 主机 1 575 个小时的上机时间，一个星期 7 天，每天平均是 8 个小时。操作数千小时后，此时的盖茨已经是高年级学生，此后他成功劝说了他的老师让他离开学校，来到了博纳维尔，开展了所谓的独立学习计划。在那里，他在一个名叫约翰·诺顿的人的指导下，整个春天都在编程。盖茨认为诺顿对自己编程知识方面的帮助，是他见过的人中无人可比的。

这五年，从八年级到中学结束，便是盖茨的"汉堡之旅"（获得幸运），在很多方面，机遇都一次次眷顾他。首先值得庆幸的是，盖茨被送到了湖边学校，在 1968 年，世界上能有多少中学拥有分时系统的计算机终端？第二件幸事，便是湖边中学学生的家长们能够为学校的计算机运作提供足够的资金支持；第三件幸事，资金快耗尽时，刚好有位家长在电脑中心公司工作，而公司刚好需要找人在周末测试他们的程序；第四件幸事，便是盖茨遇到了 ISI，而 ISI 刚好需要人手帮他们开发工资单程序；第五件幸事是盖茨住的地方离华盛顿大学很近，从家里到华盛顿大学只需要步行就能到；第六件幸事，刚好在凌晨 3 点到 6 点之间，可以免费上机；第七件幸事便是 TRW——一家跨国公司——刚好雇佣巴德·彭布罗克；第八件幸事便是彭布罗克知道，能够解决特殊问题的最好的程序员是中学里的两个孩子；第九件幸事是湖边学校允许它的学生在春季就读时间内到学校几公里之外编程。

那么所有的幸运共同点是什么？这些机遇给了盖茨充分的时间训练。当读大学二年级的盖茨从哈佛大学退学，决定创办自己的软件公司时，此前已经无间断地编写了七年程序，这个时间远远超过了 10 000 小时。世界上有多少年轻人拥有和盖茨相类似的经历？

这些天才人生真正的差异，不在于他们非凡的天赋，而在于他们非比寻常的机遇。比尔·盖茨去湖边学校——"我真的非常幸运！"比尔·盖茨接受采访的第一句话便是这个。这里并不是要否认这些天才的才华和天赋。我们看到的所有出类拔萃的人，他们都受到了非同寻常的好运的眷顾。好的机遇并不是对那些软件领域的亿万富翁、摇滚天才和体育明星才重要，对其他领域的佼佼者来说，依旧不可或缺。

在探讨运气这一概念时，我们不得不提到它令人震惊的一面。马尔科姆·格拉德威尔根据《福布斯》杂志的排名，详细列出了人类历史上最富有的 75 位个体，他们的财富净值均以当时的美元计价。这份名单中既包括了几个世纪前的女王、国王和法老，也有如沃伦·巴菲特和卡洛斯·斯利姆这样的现代亿万富翁。

　　仔细观察这份名单，我们可以发现，在这 75 位富豪中，有 14 位是美国人，且他们都出生于 19 世纪中期的短短九年之间。这背后意味着什么？经过深思熟虑，答案便显而易见。19 世纪 60 年代至 70 年代，正是美国历史上经济发生深刻变革的时期。工业化交通的建设、华尔街的兴起、制造业的快速发展，以及传统经济体制的瓦解和新经济体制的建立，这些因素对于他们的成功起到了决定性的作用。在经济转型的关键时期，如果一个人正值 20 岁左右，并且能够紧紧抓住机遇，那么成功就在眼前。

　　然而，如果你出生在 19 世纪 40 年代之后，那么你将错过这个机遇，因为你的年龄太小，无法把握那些稍纵即逝的机会。而如果出生在 19 世纪 20 年代，你的年龄又太大，思维已经固化，观念还停留在南北战争之前。只有在 19 世纪 30 年代的这九年里，才是一个独特的黄金时期。上述提到的 14 位美国人都拥有非凡的才华和卓越的远见，但他们的成功也离不开机遇的青睐。

　　现在再来看看盖茨这些天才吧。

　　假如你和一位在硅谷久经沙场的老手交谈，他肯定会告诉你，在个人计算机发展历史上，最重要的时间是 1975 年 1 月。当时《大众电子》杂志的封面故事报道了一台特殊的机器，叫作 Altair 8800 计算机——如果 1975 年 1 月是个人计算机时代的黎明，那么，谁又能占据最佳位置，去享受这个黎明的第一线曙光？那么约翰·洛克菲勒和安德鲁·卡内基时代曾适用的规则现在又开始发挥作用了。

　　如果你 1975 年大学毕业了就可能去 IBM 公司上班，在这家公司你只能成为整个工作的一部分，那个时代从事计算机工业的人们，脑子里常常有一个想法"我们为什么每天都要可怜地围着这样一台计算机转来转去？"然而他们丝毫不了解正在进行的变革，这自然不可能成为亿万富翁，也不可能影响整个世界。

　　假如在 1975 年，你已经从大学毕业很多年，那么你可能属于那个"陈旧"的年代……所以那些在 1952 年之前出生的人，都可以排除在新时代变革之外。

　　同样，你也不会希望自己年龄太小。希望自己能够及时赶上 1975 年前后的发展潮流，如果那时候你依旧只是一个中学生，你将无所适从，所以那些在 1958 年之后出生的人，同样可以排除在新时代变革之外，也就是说，到 1975 年，最好处于这样的年纪：不要太年轻，从而能赶上这次革命，但还不能太老，不能错过这次革命。在 1975 年，你最好是 20 ～ 25 岁，也就是说你最好出生在 1954 年或者 1959 年。

　　然后……

　　比尔·盖茨：1955 年 10 月 28 日；

　　保罗·艾伦：1953 年 1 月 21 日；

　　史蒂夫·鲍尔默：1956 年 3 月 24 日；

　　史蒂夫·乔布斯：1955 年 2 月 24 日；

　　埃里克·施密特：1955 年 4 月 27 日。

　　实际上，无论是"先天论"还是"后天论"，它们都有各自的逻辑和观点。有时候我们不得不承认这个世界上存在不少的"天才"，他们天生拥有许多特殊的天赋，并且坚信要成就非凡事业必须具备一些独特的、天生的、全面的能力。如果没有超高的智商或超强记忆力，似乎很难达到任何领域的高峰。当然，这可能仅仅是我们的一种猜想，而且这种猜想已经根深蒂固。同时也不得不说成功者确实寥寥无几，因为成功不是随随便便就可以取得的。它可能取决于你的预见能力，对环境的适应能力以及对机会的把握能力等。回顾一下马尔科姆·格拉德威尔所描述的前曲棍球天才球员、比尔·盖茨、甲壳虫乐队等就不难看出，一名优秀的"人"是如何炼成的。

　　到目前为止，实际上我们已经看到了成功的来源是优势的不断积累：你出生的时间和地点、你的父母职业以及成长环境、机遇、勤奋等这些因素相互作用才能塑造出这个世界独特的你。

当然还有一些更加宏观的因素……

其实无论我如何叙述这些原因总觉得并不足够完整。用一个词来概括我现在的观点，那就是"时势造英雄，英雄不负时代"。

在现实情况下，杨浩还遇到一个被频繁提及，同时多次讨论又没有确定结论的话题：战略到底要不要宣贯——这很有意思！

有的赞成战略宣贯，并且形成一套比较完整的方法论。他们认为战略宣贯是在制定和实施战略时必不可少的一环。概念一般认为是指企业通过各种渠道和方式，向内外部员工、合作伙伴、客户和社会公众传达企业的战略目标、理念和价值观，以达到推动战略实施、提升企业形象和增强市场竞争力的目的。更有甚者认为战略宣贯是帮助员工理解战略规划的最低配置，重点在于"贯"字，贯穿、贯彻战略规划思想、要求与任务。一般性的战略宣导很难实现引导全体员工执行战略规划的目的，而战略宣贯成为战略管理的迭代方法。

另一方则反对进行战略宣贯，认为战略形成于组织核心团队，是其在未来复杂多变的环境中存活下来，并获得竞争优势的导向，不可被外人道也！可以跟人说的也就是经过了包装"脱敏"的信息。

在某种意义上，双方都持有合理的观点，但是我们似乎忽视了一个基本常识：现代管理理论均源于实践的总结，包括"战略管理理论"在内。与此讨论话题相关的一个重要含义是，实践总是源自现实，而现实由内外部环境因素构成。这意味着组织的内部和外部要素或目标决定了是否需要采取行动，以及在哪个层级上进行何种详细程度的宣贯。一旦理解了这一点，我们便能轻松解决问题——这也恰好让我们领悟到：偶尔从事务中抽身而出进行思考，可能会在不经意间找到问题的解决之道。这听起来可能有些奇妙，但从理论的角度来讲，就是尝试从多个视角审视问题。

回到讨论的主题，杨浩也发现了同样的问题，大张旗鼓进行战略宣贯的情况通常有如下两种：

一是资源垄断性企业或政策壁垒较高的企业；

二是需要向外界传递重要信息的组织。

实际上，这两种情况本质上相似。在我们的整体体制下，第一种企业进行宣贯的重要内涵是向公众传递信息，因为在某种程度上，企业被视为"对象"。第二种则属于其他性质类型，其主要目的是向资本市场传递重要信息，以增强公众对企业的信心。而不建议进行宣贯的一方，通常是处于自由市场竞争的组织。当然，在进一步沟通过程中，杨浩也发现他们并非完全否定宣贯的作用，而是需要根据具体情况而定。

例如，有些组织积极进行"宣贯"，但反对的是完全商业意图输出，而是发布有选择的信息来达到自己的目的——这在行业领先或创新突破的企业中尤为常见。还有一种情况介于两者之间，对于不同组织的人员传递信息的详细程度和内容导向有所不同。例如，对于基层和外界，主要是传递价值观、愿景等需要传播的信息；而对于内部核心团队，则将具体措施和导向反复确认，并进行分解，植入考核中，使之成为行为的一部分。

基于此，杨浩自创了一个"战略宣贯实施矩阵"来对是否进行战略宣贯、对哪些层次做什么样颗粒度内容宣贯作为基本判断原则：**横坐标为市场开放程度（外部因素，判断宣贯的必要性），向左资源壁垒要求越高，越垄断，其战略宣贯的意愿更加强烈，战略信息的显性化更高，向右市场越开放，越自由，战略关键信息的隐蔽性更强；纵坐标为人员层次（内部对象，判断宣贯颗粒度），向上为层次越高，宣贯的力度需要更大，向下为更广泛的基层，传递信息的颗粒度越大。**

我们举例来验证一下，比如我国的传统运营商：在横向上一般认为属于垄断性企业，则判定需要进行战略宣贯，纵向向基层，则判定颗粒度大的目标、使命、价值观的宣导，当然考核的传递来自组织与上级，这并不矛盾。比如前些年成长中的京东，属于自由市场企业，其战略信息基本集中于大领导及其核心团队之中，他们会将某一阶段的战略重点公布吗？会和基层员工说吗？都不会！但是从持续性资源投入力度和高管考核中便可窥豹一斑。

当然，杨浩的这个方法论和大多数管理经验归纳一样，只是解决一般性的情况，总有例外，如之前提及的"故意误导"策略。

第三章

永远在被质疑中潜行

引 子

上大学时，有一次杨浩和另外两个同学因为深夜看资料，导致第二天辅修的战略管理课程迟到了，被辅导员金老师叫到了办公室。

也是在金老师办公室里，不管是同班同学对于迟到的搪塞还是自己理解后的观点，杨浩第一次听到了"战略课没什么用"的论调。

辅导员金老师倒也并没有批评或者斥责，而是对这位同学提出了一个问题：你以后想从事什么职业？

同学：航天器设计师，或者是动力控制专家，或者其他类似的职业也行！

金老师：好，那就选航天器设计师吧！你知道一个合格的航天器设计师的标准是什么吗？你知道如何从一个控制工程专业学生成长为一名合格的航天器设计师吗？中间学习哪些课程，学会哪些技能，掌握哪些能力？不同的阶段最好去哪里实习？是否要读研究生、博士生？毕业进入什么单位？进入单位后进一步将如何选择？你的竞争者是谁？你的优/劣势在哪里？你究竟合不合适从事这个职业？如何选择？如何分析？等等此类问题你有考虑过吗？

同学：……

金老师：你迟到的那门课程里都有答案。

同学：那里全是空洞的理论……

金老师：每个人都有每个人的答案，战略课程教的是思考方式，一些经过实践检验总结出来的分析工具，最后的结论就看你自己，比如理解深度、使用工具适用性、信息收集水平等。就拿你的职业倾向来说，选择什么本身就是一个具有挑战性的战略课题……

应该说，理工科出身的杨浩对"战略"及"战略管理"的好奇始于此，进入企业几年后"机缘巧合"地投身于战略部工作。自此，杨浩在职业生涯中一方面长期接受着被质疑、被挑战：关于战略、战略管理、战略分析工具、战略观点，也有关于战略相关有效性的，当然也有更多的关于战略这个命题正反面各种论调的……另一方面，他也享受着职业领域带来的成就感：时代浪潮下战略理论的更迭，战略在不同环境下落地的适配，战略举措逐渐发生作用的愉悦……

第一节　横看成岭侧成峰——对战略的定义

战略一词历史悠久，已被众多企业管理者们广泛运用并深受喜爱，它被视为管理活动中的最高境界。因此，学者们对战略的深入研究已持续数十年，各管理学院与商学院也普遍将战略管理作为终极、必要且至关重要的课程进行开发。尽管战略一词具有巨大影响力，但其确切含义是什么呢？

人们常为每个概念定义。在大多数标准战略教科书中讨论此话题时，都会给出类似以下内容的定义："战略是企业为了盈利而制定的，与组织使命和目标一致的最高管理层计划"。然而，我们并未提出如此流畅易懂的定义，相反，我们认为战略应有多重定义。

有些学者认为战略即是计划，或类似的事物，如方向、指南，通向未来的前进路线，由此及彼的途径等。战略是一种模式，即长期行动的一致性。这两种定义看似都合理：组织为未来制订计划，并根据过去形成模式，从而产生一个重要的问题：已实现的战略是否必须经过计划？

在另外一些人看来，战略就是定位，即特殊产品在特殊市场的定位。正如迈克尔·波特所说："战略是创造独特的有价值的位置，涉及许多行为。"还有人讲，战略就是观念，即一个组织做事的基本方式。而彼得·德鲁克那个广为人知的概念就是"企业理念"。战略作为定位，向下看和向外看，向下看是为了找到满足产品顾客的"X"标志，向外看是为了寻找外部市场。战略作为观念，是向组织内部看，向战略家的头脑中看，也是向上看，来寻找企业的整体形象。

或者战略就是策略，即为了击败反对者或竞争者而采用的特定计谋？

然而，西蒙斯认为战略确实起到一种应急的作用，战略是一种边界系统，而不是明确描述经理应去何处，战略只是定义了一个边界，排除了与企业宗旨不符的行为。

众说纷纭，正应了苏轼《题西林壁》那句诗："横看成岭侧成峰，远近高低各不同。"对战略的定义难以达成共识，主要有两方面的原因，一方面是战略是多维度的，另一方面是战略必须是权变的，因产业不同而存在差异。

对于达成共识的地方是战略关注组织与环境的不可分割的关系。组织用战略来应付变化的环境。由于环境变化给组织带来新的组合，因此，战略必须是灵活变化的。有人提出战略应该包括两部分：战略内容，应该采用什么行动与策略；战略过程，即行动与策略是任何决定与实施的。其实这是把战略与战略管理混为一谈。对于战略达成共识的方面还包括：意愿的战略、应急的战略和实现的战略是存在差异的。

实际上战略的中心问题是企业的成长方向与自然演化。项保华在《战略管理——艺术与实务》中，提出战略的基本问题是：业务是什么？应该是什么？为什么？

进而他又提出战略理论的本质就是由三个基本假设构成：

（1）企业战略会受到人们对外部环境认识的影响；

（2）企业战略会受到人们对于使命目标认识的影响；

（3）企业战略会受到人们对于内部实力认识的影响。

第二节　百江汇流归大海——对战略的共识

战略的特点突出，内涵丰富，与组织的内外方方面面都可以有联系，同时又可能相互作用着。

我们尝试着列举几个特性。

战略与组织、环境都有关系。"思考战略的一个基本前提条件就是组织和环境的不可分割性……组织运用战略来应对变化着的环境。"

战略的本质是复杂的。"因为变化将新的环境组合带给组织，战略的本质是要保持一种非组织化、非程序化、非常规、不重复的状态……"

战略影响着组织的整体利益。"……战略决策非常重要，它能影响到组织的整体利益……"

战略包括内容和程序。"……战略研究包括采取的行动或战略的内容以及决定和实施行动的程序。"

战略不是完全深思熟虑的。"理论家们……同意未来战略、应急战略、已实现的战略是应该相互区分开的。"

战略存在于不同的层次。"……企业有……企业战略（即我们应从事什么行业？）和经营战略（我们如何展开行业竞争？）"

战略包括各种不同的思想过程。"……战略既包括概念总结也包括分析过程，一些学者注重强调分析过程，但大多数学者则确信战略制定的核心是组织的领导者对战略概念的认定。"

如此种种，也是令人眼花缭乱，不过任何主题的讨论总会在某个阶段达成某些共识，战略也是一样，但任何关于战略的讨论总是以达成"战略是一把双刃剑"的共识而宣告结束。因为与战略相关的每一种优势，总是伴随着一种缺陷。

一、战略确定了方向

优点：战略的主要作用就是为组织绘制了航线，以便组织齐心协力地行驶在市场这个环境中。

缺点：战略方向也会像眼罩那样遮住潜在的危险。在不熟悉的水域中航行，采用预定的航线最容易使船撞上冰山，尽管方向很重要，但慢行在有些情况下也许更好，一次前进一点，仔细地观察周围，但不必观察很远，这样就可以随时调整行动的方向。

二、战略注重集体的努力

优点：战略促进了行动的协调性，如果不是战略强调集体行动的话，那么人们就可以朝不同的方向用力，结果必然导致混乱。

缺点：行动的过度集体化将导致"团体思维"，这就失去了外围眼光，也就失去了其他获得成功的可能性。一个既定的战略会在组织结构中根深蒂固。

三、战略定义了组织

优点：战略给人们提供理解自身组织的捷径，这条捷径使该组织有别于其他组织；战略提供理解组织行为的方式和便利手段。

缺点：过分清晰地定义组织也就意味过于简单，有时候就容易模式化，从而丧失整个组织的丰富性。

四、战略提供了一致性

优点：战略可以减少模糊性，提供有序性。在这个意义上可以说战略就如同是理论，能简化和理解整个世界的认识结构，并能使行动变得更加快捷。

缺点：艾默生说："愚蠢的和谐一致会导致心胸狭隘……"通过观察目前所有独立现象的新组合会发现非一致性是创造力的源泉。不难察觉每一种战略就像一种理论，总是偏离现实简化。战略与理论不是现实本身，仅仅是现实在人们头脑中的反映或者抽象。没有人能触摸或者看见战略，这就意味着每一个战略都有可能错误地反映现实或者歪曲现实，这就是我们运用战略的代价。

第三节 筚路蓝缕,以启山林——战略理论发展的历程

"二战"结束后,全球多数国家均经历了战争的严峻考验,面对重建之需,全球经济步入了一个崭新的发展阶段。在此阶段中,商业市场逐渐由卖方主导向买方主导转变,企业所面临的经营环境变得日益复杂,行业内的竞争愈发激烈。这要求企业在生存与发展过程中必须具备对环境的敏锐洞察力、竞争分析能力以及有效的资源配置策略。

在此背景下,战略领域的理论逐渐从经济学和管理学中脱颖而出,经过不断地探索与研究,形成了众多的理论成果,为战略管理的发展提供了重要的理论支撑和实践指导。

诚如战略本身定义的难以确定,同时商业社会的发展历经不同特点的阶段,在不同时期,战略理论思想所表达出的侧重点都具有时代的烙印,在这里我对不同战略理论的学派进行归类和介绍,了解其理论产生与发展背景、内涵、特点、不足之处,这对我们理解战略、相关理论的内涵,对在实践中学以致用大有裨益。

亨利曾经写过一篇名为《战略形成的各个思想家学派》的论文,被吉姆·佛雷德里克森收集在名为《战略管理的前景》的论文集中。不过较著名的还是明茨伯格的著作《战略历程:纵览战略管理学派》,其中将理论归为十大类,比较全面而且成体系地介绍了不同战略学派的特点。

一、设计学派：将战略形成看作一个概念作用的过程

该学派主张战略的制定应是一个自觉且经过深思熟虑的思维过程。任何行动的实施都需基于充分的理由，有效的战略源于严格受控的人类思维活动。简而言之，设计学派致力于构建战略制定的模型，以实现内部资源与外部环境之间的协调。正如该学派最著名的学者所言："经济战略即在企业所处的环境中，寻找能够决定其地位的机遇与限制条件之间的匹配。"

确定匹配是设计学派的座右铭。

设计学派的起源可以追溯到两本书：加州大学伯克利分校的菲利普·塞兹尼克 1957 出版的《经营中的领导能力》和麻省理工学院的钱德勒 1962 出版《战略与结构》。尤其是塞兹尼克，他引入"特色竞争力"概念，探讨了整合组织的"内部状态"与"外部期望"的必要性，认为应制定深入组织社会结构的战略，后被称为"推行战略"。后来，钱德勒建立该学派有关经营战略以及经营战略与结构相互关联的设想。

设计学派的基本模型重点强调对内外部的评价：对外部环境的评价，对外部环境的评价要明确其中存在的机会和威胁；对内部状况的总结会揭示组织的优缺点。很多人采用了设计学派的观点，并且根据有关战略进程的其他一些假设（甚至这些假设与安德鲁斯自己所阐述的观点是相互矛盾的），如计划学派增加的程序化、定位学派引入的分析，以及在哈默尔和普拉哈拉德著作中论及的学习学派的适应等，进一步深化了设计学派的观点。

战略设计学派有其前提条件，比如战略形成应该是一个有意识的，深思熟虑的思维过程；比如战略形成的模式必须保持简单和非正式；再比如战略应当是个性化设计的最佳成果之一；当战略形成一个完整的观念时，设计过程才算结束……

但业界认为设计学派否定了战略形成的某些重要方面，包括渐进发展和

应急战略、现有结构对战略的影响以及组织的全员参与而不是首席执行官的独自参与。对这些缺陷的细致分析，从而指出它们是如何局限了设计学派的某些特殊内容的观念透视力。

实际上竞争力对于组织来说真的很不容易辨别，对于不同的组织环境、机会和应用条件来说，竞争力几乎不可能是非常明确的。每次战略转变都是一次新的经历，都是走向未知领域的一步，都要承担某种风险。因此没有哪个组织能提前确定已有的竞争力究竟会成为优势还是劣势。也许企业提前知道行业的经营特点不能只落在纸上，必须从测试和试验的结果中获得。而且，这类试验得出的结论常常是：实验证明，企业的实际优势比想象的要小得多，而实际劣势却比想象的大很多——恰恰设计学派忽略了此点。

二、计划学派：将战略形成看作一个正式的过程

计划学派认为战略产生于一个受控的、正式的过程，该过程被分解成清晰的步骤，每个步骤采用核查清单进行详细描述，并由分析技术来支撑。注重战略的分解和正式化意味着日程安排、制订计划和编制预算这些有用的行动受到了关注。

计划学派和设计学派产生于同一时期。计划学派影响力比较大的著作《公司战略》出版于 1965 年，由伊戈尔·安索夫所著。尽管在 20 世纪 70 年代，计划学派对战略管理实践活动的影响逐渐增强，但学派的停滞又严重损害了这种影响力。

计划学派的前提，其认可设计学派的绝大多数前提条件，仅比设计学派少了一个半前提，同时这些前提在计划学派中又极为不同。计划学派整个行动的基础假设是按照要求制定出每个战略组成部分，根据蓝图把它们组合到一起，就会得到最终的产品——战略。另外半个前提是指首席执行官在原则

上仍然是战略的设计师。但在实践过程中，这些战略设计师与其说是在设计战略计划，不如说他们在批准战略计划。

事实上战略规划存在诸多的"谬论"，比如预定的谬论，为了进行战略规划，组织必须能够预测周围环境的发展动态，并能控制它，或者简化地认为其是稳定的。但实际上，像预测领域著名的专家马克里达基斯认为，对技术突破和价格上涨这些不连续事件的预测"实际上是不可能的"。有效的战略家不是把自己从日常细节中分离出来，而是将自己沉浸在日常细节中，并能够从中得到战略启示，但计划学派将两者分离，这是危险的。

研究表明战略制定是一个非常复杂的过程，它不仅涉及人类认识最复杂、最细致入微的内容，有时候也涉及人类认识的潜意识，而且还涉及社会发展方面的内容。

有效的战略在某程度上必然是随机应变的战略，尽管它也是经过深思熟虑的，但通常表现出来的是比非正规想象还要随意的计划。重要的是间或的学习、偶然的发现，以及对意外模式的认识，这些将在新颖的战略发展过程中起关键作用。因此我们懂得了战略进程需要洞察力、创造力、综合能力和正式制订计划时所排斥的东西。这恰恰是反"战略规划的程式化"。

威尔逊更是毫不客气指出了战略计划的七大致命错误：参谋部门接管战略计划的制订；战略计划进程支配参谋部门；战略规划系统实际上根本没有什么效果；战略规划在损害核心企业发展的情况下热衷于合并、收购、剥离等非常刺激的经营游戏；计划的程序没有发展成真正的战略选择；战略规划忽视了战略的组织和文化要求；在组织调整或不稳定时期，计划以单点预测为基础是不合适的……但企业却仍趋于依赖单点预测。

三、定位学派：将战略形成看作一个分析的过程

在 20 世纪 80 年代初，一股来自经济学界的强劲风暴席卷了整个战略管理领域，刮跑了说明性学派的大部分传统文献。定位学派兼容了支撑计划学派和设计学派大部分的前提条件和基本模式，但从另外两方面增加了一些内容。从形式上，定位学派强调了战略制定过程和战略内容本身的重要性。从性质上，定位学派特别重视战略内容，从原来这一领域中单纯地注重规定内容扩展到了实际调查。而在这之前，多年来，计划学派总是过于笼统地看待战略内容，而设计学派也只是毫无创新的重复。

1980 年这一年，迈克尔·波特出版了《竞争战略》，融入了许多不同于设计学派和计划学派的观点，并反映了对战略内容的迫切需求，著作引发了一系列的学术活动和实践活动，使得定位学派在战略管理这一领域占据了主导地位。不仅讲述了战略内容，还提出了竞争分析和产业分析的技术，波特还从产业组织理论中获得了启示。

定位学派并没有和计划学派的前提条件产生重大分歧，甚至也包括了设计学派的前提。定位学派有一个最为突出的、简单的，但具有革命性的观点，这个观点既带来了好的一面，也带来一些负面的影响。

计划学派和设计学派都认为，在既定的环境中，可能实现的战略有无限多种。相反，定位学派认为只有很少数的关键战略在某一既定的行业中是合乎要求的，这些战略可用来防御现存的和潜在的竞争对手。

企业易于进行防御意味着，占据这些市场位置的企业比行业中的竞争对手能够获得更高的利润。这些利润反过来准备了一个资源存储库，利用这些资源，企业可以扩大经营规模，进而扩展和巩固市场地位。定位学派把这种逻辑运用到各个行业中去，最后得出基本总体战略是有限的这一观点。

定位学派有三个高潮发展期：

第一，早期的军事战略著作是定位学派在军事上的起源。比如通常被认为是写作于春秋末期左右的孙武的著作《孙子兵法》，孙武花费大量的精力研究了具体的阵地战略，如部署军队必须考虑到山地和河流的具体地形，决战时军队应从上向下冲锋，军队应当占领平地或高地等。

更近一些的是冯·克劳塞维茨《战争论》，著作深受拿破仑战争的影响。军队在出色指挥下取得的一个又一个胜利，不仅是军事上的胜利，也是智慧上的胜利。他给世界带来的震惊，类似于后来日本在制造业中给美国管理人员带来的冲击。把作战经验在企业管理中应用得最巧妙的恐怕就是奎因了，在他看来，有效的战略是围绕少数几个关键概念和观点而发展起来的，而这些关键的概念和观点不仅给企业带来了凝聚力、平衡力和重点，还提供了与高智商对手进行对峙的那种感受。比如对对手进行试探，很快撤回来，以此判断对手实力，这样迫使对手扩大其防守的范围，然后我们集中所有力量朝一个明确的方向进攻，占领一个预先选好的细分市场，建立自己的控制点，以此为基础重新组织，进行扩张，在更大的领域内占据主导地位。

第二，20世纪70年代的咨询规则，寻找咨询责任。在20世纪70、80年代，咨询者把战略转化成规则去出售，例如市场份额变成了"圣杯"从而成为商家梦寐以求的东西。在这些情况出现前，咨询活动很少看中战略本身，麦肯锡公司有强大的高层管理定位，SRI公司也发展了计划技术。但他们从未把战略当成他们工作重点。直到波士顿咨询集团（BCG）出现后才得到了改变——他们用到了"销售额增长—市场份额"矩阵和经验曲线。

第三，近代关于经验主义主张的研究，尤其是20世纪80年代的研究。主要内容是对企业外部条件和自身战略之间的关系进行系统的、经验性的研究。波特的《竞争战略》，才真正将定位学派的研究工作引向了正轨，本质上波特采纳了设计学派的基本方法，把产业组织中已确定的知识体系和定位学派相组合。随后又出版了《竞争优势》，提供了理论基础，而不是理论框架，他建立了一套有关战略的基本概念，其中包含我们现在耳熟能详的竞争分析模型、通用战略的设定及价值链等。

定位学派继承了设计学派和计划学派的大多数前提条件，同样存在思考和行动的分离，使得战略制定过程过于深思熟虑并且因此而破坏战略学习。同时还存在计划学派的缺陷，包括：以对目前形势的判断展望未来，过分依靠硬数据、把战略制定过程过分地正式化等。最严苛的恐怕是哈默尔了，他评论定位学派最不可告人的秘密就是根本没有战略创造的理论。

再如定位学派强调重点，但重点本身就是一个片面的概念；对适用环境问题，对外部条件的偏重尤其是对整个行业及竞争状况的重视，忽视了组织自身能力问题；对于战略进程问题，定位学派不是要离开组织去学习，而是待在组织内完成计算工作，连克劳塞维茨也承认不计其数的微小事件引致的意外事件，根本就无法进行计算，这就是存在于定位学派中左右为难的情形等。

四、企业家学派：将战略形成看作一个预测的过程

这是一个描述性学派，试图在战略展开的过程中把握对战略形成过程的理解。企业家学派不仅将战略形成过程绝对地集中在个别领导人身上，而且强调某些与生俱来的心理状态和过程，如直觉、判断、智慧、经验和洞察力等，提倡将有关的战略观点看作是一种与形象和方向感相关的看法，即远见。

远见既是一种灵感，也是一种对战略任务的感觉，还是一种指导思想，其实远见常常表现为一种映象，而不是一种对战略任务的感觉，是一种指导思想，这就是使战略非常灵活。企业家战略既是深思熟虑的，又是随

机应变的：在总体思路和方向上是深思熟虑的，在具体细节上则可以随机应变。

从某种意义上来说，企业家学派起源于经济学，新古典经济理论中企业家的地位十分突出。在经济思想史上给予企业家以显著地位的最重要的人物是约瑟夫·熊彼特，很好地解释了企业行为的因素不是企业的利润最大化目标而是企业应对即将变化的环境的战略意图。他提出了"创造性破坏"的著名概念，在他看来，企业家不必去寻找初始资本，也不必去开发新产品，只需提供经营思想。因为经营思想是难以捉摸的，但一经企业家掌握，就会发挥巨大的作用，并会产生巨大的利润。

企业家学派需要承认一些假设，比如存在于企业领导人心中的战略，既是一种观念，更是一种特殊的长期的方向感，是对组织未来的远见。

战略形成最好不要成为一个完全有意识的思维过程，无论企业领导人是在实际中构思战略，还是把其他人的战略改进后以自己的方式将战略内在化，战略形成应当深深根植于企业领导人的经验和直觉中。企业领导人是一心一意，甚至是着迷于发展远见，并且在必要的情况下，为了能重新制定战略具体的方面，亲自控制战略的实施。战略远见是可以变化的，企业家式的战略既是深思熟虑的，又是随机应变的。

不管是在归个人所有的企业创建时期内，还是在大型企业的经营方针转变时，组织同样是可以发展变化的，组织其实是一个受企业领导人指挥的，简单的组织结构。

企业家学派对战略的形成过程从未细致论述，形成过程被认为是一个认识过程中的"记录器"。对于走入困境的企业组织，良方很简单明了：去寻找新的，有远见的企业领导人。企业家学派用到的方法是很冒险的，它是以企业家个人健康和幻想作为赌注的。科林斯和鲍拉斯认为建立一个有远见的组织，远比只依赖一个有远见的企业领导人明智许多。

五、认识学派：将战略形成看作一个心理的过程

前文关于战争地图的故事便是认识学派一个典型的案例。

在人类认识科学的范围内，特别是借鉴认识心理学领域的研究成果，发现战略形成过程的含义，这是认识学派的工作。

学派研究者关心的是需要思考的内容，而不是思维本身。比如战略家在思考过程中需要知道的内容。问题很直接，但我们仍然无法理解产生战略的复杂的创造性活动。因此，战略家很大程度是自学成才的：他们主要通过直接经验来形成自己的知识结构和思考过程。经验决定了他们的知识，知识又决定着他们的行为，进而决定后来的经验。

该学派产生了两个截然不同的分支：

一派主张实证主义，认为知识的处理和构成是产生某种描绘世界的客观观念的结果。心灵的眼睛如同照相机一般，它观察世界，并根据所有者的意愿扩大或缩小对世界的认识，即使是该学派的成员也承认这种认识是对世界的曲解。

另一派则认为所有的认识都是主观的，战略是对世界的一种解释。因此，上一派认为认知是世界的一种再创造，而它正好相反，认为认知创造了世界。认识学派主要研究战略形成过程中的思维发展，因此我们从其文献中提炼出假设，并据此评价这些作品。

战略形成是战略家内心的认知过程；它表现为处理环境信息输入的方法——包括概念、计划、纲要和框架；在认知地图解码前，输入的信息需经过多种歪曲过滤器，否则它们仅是对想象世界的解读，即我们所见的世界是可以构建的；战略作为概念，在初始形成时较为困难，实际形成中更注重实用性而非最优化，且当战略不再适用时，变更也颇具挑战。学术流派通常以潜在能力而非实际贡献作为其显著特征，这一核心理念是恰当的。战略的构

建过程本质上是一个认知过程，尤其是作为概念化的战略形成过程。为了深入理解这一过程，探究人类心理和大脑的运作是至关重要的。在提出认知理论方面，认知心理学比应用理论的战略管理具有更为重要的意义。尽管他们的研究成果对心理学领域提供了宝贵的参考，但对战略管理研究的实际贡献却相当有限。

六、学习学派：将战略形成看作一个应急的过程

该学派主张，战略是在人们开始分析形势并与其组织应对能力相结合时产生的。它有时表现为个人行动，但更多情况下是集体行为的体现，最终转化为组织成员的工作模式。正如拉皮勒所强调的，战略管理已经超越了仅仅对变化的管理，而是通过变化来进行管理。

尽管其他学派也曾质疑设计学派、计划学派和定位学派的"合理"传统特定方面，但学习学派在这方面的批判更为广泛和深刻。他们直接挑战这些学派的基本假设和前提，引发了激烈的讨论。至少可以说，学习学派认为传统的战略构想只是一种幻觉，它可能吸引某些管理者，但无法解决组织内部的实际问题。

学习学派的关键在于它的基础是描述性的而不是说明性的。提倡者总是在问一个简单而又重要的问题：战略在组织中实际上是怎么形成的，不是问它是怎样被表述的，而是在问它形成的真实过程。

因此，当一项战略失败之后，制定者会指责执行者："要是你们这群笨蛋能理解我这完美的战略就好了。"如果这群笨蛋足够聪明的话，他们也许会回答："你们既然这么聪明，为何不制定一种我们这群'笨蛋'能够胜任的优秀战略呢？"学习学派的支持者发现一些重要的战略改变很少是由正式的计划决定的，实际上，甚至很少产生于高层管理者的办公室中，相反，它来源

于不同人群的一些小的行为和决定（有时候出于偶然和运气，并非刻意去寻求结果）。由于长期相互作用，这些微小的变化经常会引起战略方向的重大转变。

而这个过程我们可以用多种学习模式来描述，比如耶鲁大学的政治学教授查尔斯·林德布洛姆建立了一套详尽的理论，称为无序渐进主义；奎因的逻辑渐进主义；经济学家纳尔森和温特的演化理论；麦克吉尔大学管理学系关于应急战略的研究成果为战略学习开启了一扇门窗；卡尔·韦克倡导的培养回顾的意识等。

学习学派的理论建立在一系列的前提之上，例如承认组织环境具有复杂性和不可预测性；尽管领导者同样需要学习，并且有时是主要的学习者，但通常情况下，集体学习更为常见；这种学习通常是以应急的方式进行的，学习行为能够激发人们对过去的回忆。因此，感觉是由行动引发的，战略主动性可以属于任何具备学习和条件的人。

这一学派的发展包括塞耶特和马奇的著作《公司行为理论》，诺曼、阿基里斯以及唐纳德等都把组织作为一种学习系统来描述，随后在《知识创新的公司》一书中阐述了知识创新在学习中的重要性。普拉哈拉德和哈默尔首次将组织能力发展动力的概念引入商业领域，他们的著作如《公司的核心竞争力》《作为延伸和杠杆的战略》以及《竞争未来》等都包含了这一理念。最终，这种理念可以超越学习，达到混乱的境界，这颇具趣味性。传统的管理方法强调控制、秩序和预见性。

混乱与无序对组织而言是有害的，这些不利因素应当受到限制。然而，像野中和斯塔西等学者认为，无序和混乱是组织内在的本质特征，而非外部引入的元素。管理界长期反对的混乱实际上蕴含着重要的创新机遇。它能够促进学习，并推动我们超越现有的战略思维模式。

学习学派提供了一种力量，这种力量与长期主导战略管理文献和实践的理性、深思熟虑的战略形成制衡。然而，这种做法也潜藏着走向另一个极端的风险，例如可能会被批评为缺乏战略、迷失在战略之中或采取错误的战略方向。

七、权力学派：将战略形成看作一个协商的过程

在探讨"权力"这一概念时，我们通常指的是在纯经济领域之外施加影响的行为，这包括了超出传统市场竞争范畴的经济权力运用。这种权力的行使可能涉及非法或违法行为，例如通过建立卡特尔等秘密手段破坏市场竞争。同时，它也可能体现在为达到相同目的而设计的合作安排中，如某些特定的联盟形式。

组织被权力关系所包围，并且这些组织也会传播和强化这些权力关系。因此，有必要区分这一理论流派中的两个不同分支。

微观权力，是指用于应对组织内部政治策略的权力，这包括非法和违法的权力运用。宏观权力的核心关注点在于组织如何行使其权力。这种权力的运用可能会导致各种冲突，例如在取消某个部门时可能引发的争议。另一方面，当一个濒临破产的组织迫使政府提供贷款担保时，也可能出现冲突。此外，内部人员可能会因为追求个人利益而与同事产生冲突，而组织本身也可能为了自身利益与其他组织发生冲突或进行合作。

属于权力学派的战略管理文献少之又少，充其量不过是涓涓细流。在这一领域，运用权力被认为是一支"隐形力量"，大家对其有所了解，但研究人员却很少深入研究它。然而，在实践中，特别是一些大型组织从未将权力和政治置之度外，在其战略决策过程中也不会对权力和政治不加考虑。但他们往往只能花费时间从印刷品中获取正式且被公认的知识。后来出现了一些出版物，比如《论战略形成：政治概念》等。如果我们将有关公共政策制定的

政治科学方面的著作也算作权力学派的研究文献，那数量就相当可观了。

诸如此类，我们有时简直不得不对经济活动的政治后果保持敏感态度。权力学派的政治意义正在于此。

权力学派认为，权力和政治使战略形成具体化。微观权力将战略决策视作在狭隘利益集团和诡诈的联盟之间，以政治对策的形式表现出来的相互作用，通过说服、讨价还价，有时甚至直接对抗。然而，在任何具有重要意义的时刻，微观权力并不占支配地位。而宏观权力把组织看作采取控制或与其他组织合作的方式，通过战略操作以及网络和联盟中的集体战略，促进自身的福祉。

战略形成与权力有关，但并非仅仅关乎权力。在这方面，确实存在对其意义过度阐述的情况。显然，关于领导力、文化以及战略概念本身在这一过程中往往被忽视。同时，政治艺术在组织中确实能够起到积极作用，尤其是在促进许多既定的、合法的、受阻碍的必要变革时。然而，这也可能成为组织中造成大量浪费和曲解的根源。

八、文化学派：将战略形成看作一个集体思维的过程

权力学派的对立面是文化学派。权力控制着组织实体，并将它们分裂开来，而文化则把个体的集合连接进组织这个整合实体之中。前者主要着眼于个人利益，后者则着眼于共同利益。在我们称为文化学派的文献中，与权力学派相对应，认为战略形成过程根植于社会文化力量。

权力学派研究内部政治生活对促进战略变化的影响，而文化学派大多关注文化在保持战略稳定性方面的作用，有时文化确实能够抵制战略的改变。

文化在 20 世纪 80 年代被发现存在于管理中，这是由于日本公司的成

功。日本公司似乎与美国公司有着不同的运营方式，虽然他们也模仿美国的技术，但结果都指向日本的文化，特别是在日本大公司中文化的表现形式。当时大量的文献大多数关于组织机构和员工激励方面，战略管理中文化学派的主流研究活动是后来才出现的。

文化学派的前提认为战略形成是社会交互的过程，建立在组织成员的共同信念和理解的基础上。个人通过文化适应过程或者社会化过程来获得这些信念，这个过程大多为潜移默化而非通过语言文字，虽然有时候也通过较为正规的教导来强化。组织成员只能部分地描述巩固着他们文化的信念，而文化的来源和解释可能依然模糊。战略首先采取了观念而非立场的形式，观念根植于集体意向之中，并在深藏着资源或潜能的组织模式中反映出来，受到保护并且拥有竞争优势。

因此，战略最好被描述为深思熟虑的。文化，尤其是观念体系不鼓励战略改变，以便现有战略永久存在，它们往往只是在内部做一些立场的改变。

1965 年，瑞典的 SIAR 组织（斯堪的纳维亚行政管理研究所）作为一个咨询顾问型研究所成立。其学术带头人艾瑞克·来恩曼出版了《长远规划的组织理论》，并与理查德·诺曼合著《管理中成长》。这些著作介绍了扎根于组织文化的概念性框架、创造性和随意的理论风格以及方法论。在整个 20 世纪 70 年代，它们激励了瑞典各个大学，尤其是哥德堡大学的整整一代研究者。这些人从深入细致的领域进行研究，用多彩的词汇为一些模糊的概念贴上标签，编制出复杂的理论。

瑞典学派所探讨的内容不限于文化。他们还围绕组织的停滞、衰退、危机等编织了一个丰富的概念群。将他们归入文化学派而非任何其他学派，是因为他们极其关注集体的适应性变化。

在文化的范畴中，信念与价值观创造了物质，物质反过来又创造和塑造了信念与价值观。比如，汽车发明于欧洲，最初作为奢侈品机器，由技艺娴熟的工匠艺人为追求富贵而制造。美国人则把汽车进行了重新发明，使其成为标准的、低成本机器，由非技能劳工为大众而制造。这反映了文化上的巨大差异：欧洲具有手工艺人的悠久传统，而美国为补偿其熟练工人的缺乏而制作标准化产品。最终，美国与欧洲汽车生产厂家之间产生的竞争结果证明是两种文化的竞争。

很多试图通过模仿美国人的方式来击败美国人的欧洲分公司发现，他们可以借用这里一点或那里一点，却似乎总不能掌握全盘方法。日本人之后也试图掌握这种方法，但最终放弃了，取而代之的是他们自己生产汽车的方法。这种方法与他们的文化相和谐，并最终挑战了美国的霸权。

后来，我们将资源为本的理论和动态潜在获利能力理论的这些观点割裂开来，一个属于学习学派，另一个属于文化学派。其原因是我们觉察到其中一个很重要的细微差别：资源为本的理论强调这些潜在获利能力在组织演化中的根源，而普拉哈拉德和哈默尔的动态潜在获利能力方法强调这些潜力主要通过战略学习形成。这一点恰恰反映了两种不同的呼声，一边是学术杂志上激烈争论的主题，另一边则是顾问和业务经理们的喜好。这里的两组学者都是从里到外看待战略，一组强调学习的潜能，一组强调根植于文化中的潜能。

对于企业如何知道哪些资源是战略性的，即哪些是能在面临竞争时提供最大持久利益的资源呢？巴内制定了四个标准：价值性、稀缺性、不可模仿性、替代性。在一篇《组织文化：是否能成为持久竞争优势的资源》的文章中，巴内把文化作为对付模仿最有效和最坚固的壁垒。

如果说定位学派的缺点是人为的精确性，那么文化学派的缺点就应该是其概念的模糊性。这些概念来去匆匆，而且相互之间并没有很大差别。此学派的一个危害是它会阻碍必要的改变。它赞成管理的连贯性，也可以说赞成把管理保持在轨道上。通过强调传统和舆论，以及把变化描绘为复杂和困难的，此学派就在一定程度上支持了某种停滞。

文化学派与设计学派、认识学派以及企业家学派的个人主义不同，它引入了社会过程中重要的集体思维，确立了组织风格与个人风格的同等地位，有利于建立整体观念。在这个学派中，战略形成变成了集体认识的管理，这是一个虽然很难把握但却非常重要的观点。

九、环境学派：将战略形成看作一个反应的过程

在我们所讨论的各种学派的中心舞台上的角色中，如领导者、策划者、组织者等，有一种角色因尚未被提及而格外引人注目，这就是组织外部的那类力量。组织理论家喜欢称其为"环境"。别的学派把环境看作是一种影响因素，而环境学派则将它看作是一个角色——真正的演员角色。

这一学派把环境同领导和组织一道列为战略形成过程中的三大中心力量之一，这有助于协调关于战略形成的总观点。该学派的观点确实迫使从事战略管理的人考虑各种有效的决定性力量的范围，确定这些外部环境的力量和要求。这一学派本身还有助于说明战略家所面临的环境的各个方面，指出它们对战略形成可能产生的影响。

究竟什么是"环境"呢？通常它被看成是一类"外在的"模糊力量，实际上，指的是组织以外的所有东西。有时候，所有这些外部的东西被简化为一种总的力量，把组织带进了某种生态学上所说的活动范围中。

环境学派的前提在于，环境作为一种综合力量向组织展现自身，是战略形成过程中的中心角色。组织必须适应这些力量，否则就会被"淘汰"。并且，领导由此变成了一种被动的因素，负责观察了解环境并保证组织完全与之适应。组织群集在原来所处的独特的生态学意义的活动范围中，直至资源

变得稀少或者条件变得恶化、敌对，最终组织消失灭亡。

环境学派首先提出了所谓的"偶然性理论"，阐述了环境的独特方面与组织的特别属性之间的联系。比如，外部环境越稳定，内部结构就越正规。随后，这些观点被应用到战略形成中。例如，稳定的环境更加偏爱计划。于是，出现了自称为"种群生态学家"的组织理论家，他们假定外部条件迫使组织处于特定的活动范围中。

要么组织按环境要求改变自己，要么被"淘汰"。所谓的"淘汰"就是一种战略选择，它让组织脱离于组织及其领导之外，而处于环境之中。同时，另一些被称为"社会制度理论家"的人则认为，环境所施加的政治及意识形态压力虽然减少了战略选择，但并未完全消除这种选择。环境因此变成了一个"铁笼子"。

十、结构学派：将战略形成看作一个变革的过程

前面所讲述的所有内容都被涵盖在了结构学派之中，而它却运用了自己独特的视角。每个学派都有自己的时间和位置。所以，结构学派与所有其他学派的一个根本区别在于：它提供了一种调和的可能，一种对其他学派进行综合的方式。

1. 结构学派的主要内容

这个学派有两方面主要内容。一方面，把组织和组织周围的环境状态描述为结构；另一方面，把战略形成过程描述为转变。事物确实存在着两个方面：如果结构是一种存在状态，那么战略制定就是从一个状态到另一个状态的飞跃过程。换句话说，转变是结构的必然结果。保持连贯应有一定的时间，变化也要有一定的时间。

实际上，整个战略管理领域以及本学派的起源可以追溯到 1962 年商业史

学家阿尔弗雷德·D.钱德勒的《战略与结构：工业企业的历史篇章》。他对美国四大著名公司——杜邦、西尔斯、通用汽车公司和标准石油公司（新泽西）怎样形成其战略和结构做了详细描述。

从某种意义上说，结构学派的前提包含了其他学派的前提，但每一前提都有一个明确界定的适用背景。无论如何，正是这种包容成了结构学派的特色。

比如，大多数时候，组织都可被描述成某种稳定结构：在一段特定时期内，采用特殊的结构形式，与特殊的内容相配，导致组织建立特殊的行为，从而产生一套特殊的战略。

又比如，相应的战略制定过程也就既可以是一种概念性的设计或者正规计划，又可以是系统分析或者领导的远见，也可以是共同学习或者竞争性的权术，集中表现在个人认识、集体社会或者是简单对环境的反应；但每一种都有自己存在的时间和自己的内容。换句话说，这些战略形成的思想学派自身就代表了特别的结构。

丹尼·米勒热衷于对组织的不同方面进行综合，并且在广度（大量的样本）和深度（对具体组织的深入研究）上进行结合，这非常适合战略管理的结构学派。他研究的是被称为原型的问题，即战略状态、结构状态、情形状态和过程状态，以及原型之间的转化，并把战略变化和结构变化看作量化过程而非渐进过程。

钱德勒对战略与结构有着开创性的研究。他在美国大型工业企业的演变中，发现了四个阶段，按照秩序代表着它们生命周期的各个阶段。而迈尔斯和斯诺对结构的研究则非常不同。根据一项对四种行业的企业进行的研究（教材出版行业、电子行业、食品加工行业和健康保护行业），他们把公司行为划分为四个大类，他们称为防御者、展望者、分析者和反应者。每一类都有其自己独特的战略，与其所选的市场相关，以及相关的技术、组织结构和过程的独特构造。

结构研究的另一个领域是对组织大变化的时期进行深入探索。安德鲁·佩蒂格鲁对英国一个化学公司的转变所进行的研究综合了很多学派的材料。佩蒂格鲁认为变化不是一个孤立的事件，而是一系列的事件组合。为理解这种变化，佩蒂格鲁认为需要超越线性推理理论进行检验。

1995 年，麦肯锡的三个顾问发表了一篇关于转变的文章，用他们对 25 个公司的调查研究概括出了六个基本"战略"：展开机构建设、震动和重聚焦、跟随领导、多面聚焦、系统的重新设计、单位水平上的动员。

无论是自上而下的转变，还是自下而上的转变，改造任何组织都没有一个固定的程式，包括那种认为组织本来就需要改造的观点。

2. 对结构学派的批评

在对结构学派的批评中，莱克斯·唐纳森最为尖锐。唐纳森认为结构是进行推理的蹩脚方法，恰恰因为它们是那么容易理解和教授。他认为那些过于简单的描述，如简单的结构、机械的官僚主义、创新性的 AD，这些模型没有多大用处。组织是很多不同程度的灰色，而不是只有黑色和白色，这些理想型因此只是一些词汇，在描述组织世界多样性的时候相当粗糙。他还保留了对结构学派其他主要观点的批判。比如对量变的正面批评。他认为，让企业静止不动或者迅速转变是经验主义和概念性的错误。他的批判是依据一种精确标准，即不对则错。

但所有理论都是错误的：它们都只是停留在纸上的语言或者图画上，而现实总是更为复杂。所以有用是最关键的标准，特别是对于实践中的经理们。

3. 结构学派对战略管理的贡献

结构学派对战略管理的贡献不小，它给战略形成这个混乱的领域带来了秩序，尤其是有那么多的文献和实践活动。这不是一次跨越边缘的狩猎旅行，而是通过了十个各具特色的生态系统或者思想系统，是对同一个领域所想象出来的十个结构，这个领域并不像所暗示的那么杂乱无章。

我们可以将这十个学派分成三类。

从性质上讲，最前边的三个属于说明性的学派，关注的是战略应如何明确表述，而不是战略形成过程中一些必要的工作。

第一个学派是设计学派，出现于20世纪60年代，是计划学派和定位学派的基本理论框架。它重点讨论了作为非正式设计过程的战略形成，其中"设计"是这一学派的基本概念之一。

第二个学派是计划学派，在20世纪60年代与设计学派一起得到发展。有关计划学派的出版物和实践活动在20世纪70年代曾达到一个短暂的高峰。计划学派形成了这样一个观点，即把战略制定看作是更加独立和系统的正式过程。

进入20世纪80年代，计划学派受到了第三个说明性学派即定位学派的轻微冲击。定位学派更加注重战略的实际内容而不是战略形成过程。它之所以被称为定位学派，是因为它注重的是企业对经济市场中战略位置的选择。随后的六个学派对战略形成过程中的具体方面进行了思考，它们侧重于描述战略的实际制定和执行过程，而不是侧重于描述理想的战略行为。

认识学派之后的四个学派认为，战略形成过程中的主角不只有个别企业家，还应该包括其他一些因素和人员。在学习学派看来，世界的复杂程度不允许战略像清晰的计划和远见那样一下子形成，战略的产生就如同组织的变化或"学习"，必须逐步地形成。与此相似但又有所不同的另一个学派是权力学派。

权力学派认为战略形成是一个协商的过程，包括组织内部各个矛盾着的集团之间和互为外部环境的组织之间的协商。与此相反的另一个思想学派——文化学派则认为，战略形成是根植于组织文化当中的，因此这个学派的理论基础是集体主义和合作。因为组织理论家认为战略形成是个反应过程，主动性不在于组织内部而在于外部因素，因而产生了另外一个分支——环境学派，他们试图研究组织承受的压力。

最后一组只包括一个学派，它其实是其他学派的综合，我们把它称作结构学派。这一学派的学者崇尚综合，将战略的各个组成部分，如战略制定过程、战略内容、组织结构和组织关系等集中起来，归结成清晰的阶段或时期，比如企业增长期、稳定成熟期等。有时它也按照时间排序来描述组织生命周期。

第四节 战略理论的进一步发展与不同维度归类

心理学的理论将对人类的认识能力以及领导者的魅力有所启示，人类学的理论将对社会文化有所启示，经济学的理论将对产业组织有所影响，城市规划学理论将对正式制订计划有所启示，政治学的理论将对公共政策制定有所启示，军事史学的理论将对解决冲突的战略有所影响，并且效果显著。

一、战略理论与发展历程

各种各样的理论可以提供各种各样的视角。在这种情况下，战略形成不仅与价值观、远见和能力有关，而且与军队和信任、危机和承诺、组织的学习和进化平衡的中断、产业组织和社会变革有关。

20世纪七八十年代，战略被诟病有多方面的原因，过于空泛，缺乏可操作性。它只是给人们一种启发，要规划未来，要适应环境。20世纪80年代日本的崛起也确实把人们的注意力引向操作层面。

日本通过全面质量管理（total quality management，TQM）、及时存货、敏捷制造、成本控制等战术性的经营效率改进在市场竞争中节节胜利，使得人们对战略迷失了方向。人们认为，战略并非真正重要的东西——你只是必须以更低的成本生产出比竞争对手更加优质的产品，然后不懈地改进那个产品。还有人认为在一个变化的世界，你真不该有战略。企业经营围绕变化、速度、动态反应和重新创造自身等方面转，事物如此快速变动，稍有停顿也承受不起。如果有战略，那就是僵化和不善变通，等到战略制定完毕也就过时了。

这些资源是要企业在内部长期培养才能形成的。选择与培养独特资源与核心能力就是战略过程。尤其是波特一再强调，战略不是经营效率而是从事不同的活动或以不同方式从事相同的活动。哈默尔又强调要打破游戏规则，要开创新行业。人们才逐渐把战略重新放在经营的核心地位。

二、战略管理思想的学派与理论体系阶段

可以把战略管理思想归纳为四个学派：战略规划学派、适应学习学派、产业组织学派与资源基础学派。这四个学派在解释与指导企业战略行为上各有所长，各有所短。战略规划学派是一个注重过程的学派，在解释战略制定与实施过程中占有一定的优势。适应学习学派则在解释企业的战略行动过程中更有说服力。产业组织学派则在指导企业成长、选择进入行业、选择竞争战略方面有重大意义。基础资源学派的理论则在解释企业持久竞争力来源、企业成长方式方面有较强的说服力。

战略管理的理论体系经历了三个阶段：

第一阶段是以安德鲁斯为核心的战略规划理论体系，从 20 世纪 60 年代确立到现在一直得到承袭。

安德鲁斯为现代战略理论奠定了坚实的基础，形成了战略规划的基本框架。他把战略管理分成了两个完全不同的部分：战略制定和战略实施。在战略规划方面，要求战略制定只考虑四个因素：你可以做什么（市场机遇）、你能够做什么（内部资源和能力）、你想做什么（个人抱负）与你应该做什么（社会责任）。寻找四者的结合。在战略实施过程中，企业要从组织、管理与领导方面来保证战略得到认真的贯彻。后来，人们对安德鲁斯的理论作了修

改，但主体架构并未改变。

第二阶段是 20 世纪 80 年代以波特的竞争优势战略体系为核心，后来修改成为动态战略体系。

波特的理论体系是：企业的管理选择与初始条件形成企业的驱动力。这些驱动力来自企业的规模、积累的经验、活动共享与能力转移、垂直一体化等。这些驱动力决定企业的相对成本与产品性能差异，从而决定企业的成就和竞争优势。竞争优势来源于企业能够以比竞争对手更低的成本提供同样的价值或以同样的成本提供更高的价值。利用这些竞争优势选择一个有吸引力的行业并且在这个行业中取得相对优势的地位，那么企业就会成功。

第三阶段是 20 世纪 90 年代以格兰特和蒙哥马利建立的资源基础论体系为核心。

其理论产生的背景包括：在产业界 20 世纪 80 年代企业混合兼并的衰落，回归主业成为新潮流，实践证明行业吸引力无法保证企业产生好的经营业绩；日本企业的成功使人们感觉到企业内因在竞争中具有重要作用；经济理论的新发展如契约理论、激励理论、信息理论和战略联盟理论的发展使理论工作者更多地从企业内部来寻找影响企业业绩的理论解释；知识在企业中的作用日益受到重视。

资源基础论有两个分支学派：一个强调资源的作用，一个强调能力的作用。但一般的资源基础论把能力也当成是公司的资源。包括以下几个步骤：

（1）确定企业资源：确定它的相对于竞争对手的优势与劣势。

（2）确定企业能力（有效利用资源的技能）：确定什么能力使企业做得比竞争对手更好。

（3）确定资源与能力的潜力：确定企业的竞争优势。

（4）选择有吸引力的行业：利用企业的资源和能力可以开发的商业机会。

（5）选择能够充分利用资源去开发市场机会的战略。

第五节 战略管理的争论点

即使是不能完全看清，我们也应该能够更加逼近战略形成的本来面目。我们先来考虑一些贯穿所有学派的争论点，比如战略应有怎样的通用性、战略产生的过程是怎样控制等问题。这些争论是从学派中产生的，但却不能被它们所解决。所有这些争论点都是我们理解战略过程的基础。

每个争论点都是由一个进退两难的问题引出，但每一种情况下，我们都不会给出绝对性的答案，如"是或否"，而是赞成用"何时"和"何地"进行回答。也就是我们认为答案通常不是绝对的，取决于这些矛盾在实践中是如何调和的，不管是归在一起还是分割开来。这里尝试讨论八个争论点，前三个有关战略内容，其余五个有关战略进程。

一、复杂性

复杂性：优秀的战略应具有怎样的复杂性？一方面，我们由阿什比的"必备的多样性法则"所指导，保证系统控制足够的种类以应对面临的挑战。另一方面，KISS 法则"keep it simple stupid"也同样受到欢迎。因此有了安德鲁斯在设计学派中认为战略只是简单提供情报的观点，而布莱士·帕斯卡根据学习学派的精神，批评美国人像日本人离开相扑一样"离开"了战略的简洁性。

肯尼斯·博尔丁很优雅地表述了这种两难境地："在一个没有意义的特殊点和一个没有内容的一般点之间……的某个地方……肯定存在着一个对于抽象化的每个目的的每种层次都是最优化的一般性程度。"

关于复杂性的争论很少在战略管理中提及：我们何时、何地以及如何精心制定我们的战略，如何使其具有差别，如何使其易于领会，以及如何使其一般化的问题。

二、整体化

整体化：优秀的战略应当怎样紧密地整合成一体？在定位学派中，给人印象战略是一种资产组合，计划学派也持有类似观点。在其资本预算技术中，把战略选择看作是一系列独立的投资决策，特别是它将战略分解成了公司战略、经营战略和职能战略。其他学派都把战略当作组成部分的整合体。还有一些学派，特别是企业家学派和文化学派，根本就看不见组成部分，而是把战略看作是一个完全整合的观念。

战略的整合机制已经提出了很多：计划的正式组合、认识上或想法上的精神整合、文化上的标准化整合及相互调整成为整体整合。问题在于何时、何处需要何种类型的整合，以及整合到何种程度才称心如意？

三、通用性

通用性：优秀的战略应具有怎样的独特性和新颖性呢？适用的正能量是否无穷多，或者是否有一整套"通用"战略系列，组织必须从中选取呢？相应地，组织是通过遵守这些规则还是破坏这些规则取得成功？定位学派说战略是通用的，他们认为受到清晰界定的事先存在的战略位置就像梨子一样，需要从环境机会这棵树上摘下来。而在环境学派中，梨子掉到你的头上并把你砸得毫无知觉。

毫无疑问，行业窍门很多，也不缺乏"主流"战略和"咱们也这么干"的战略。但企业家学派和文化学派却特别告诉我们战略是独特的，是一个人对心中的愿景或一个组织对文化的独特观念，没有哪两个战略是相同的。学习学派进而认为所有的战略都是适应过程的特色产物，而设计学派认为战略之所以独特，是因为战略是在个性化的设计过程中创造出来的。所以问题不是战略在何时何地是新颖的还是通用的，而是这两者是如何相互关联的，新颖的战略在何时及怎样变成了通用的战略，战略集团是怎样形成的等。

四、控制问题

有效的战略形成过程应是如何深思熟虑的或是怎样应急的，即怎样预定、怎样思考、怎样形成中心的呢？对预先控制与后来的学习的需求要达到什么程度呢？三个说明性学派积极推进深思熟虑的战略，企业家学派也是一样。认识学派的一个分支对战略家的头脑处理战略问题的能力产生了怀疑。而学习学派则不考虑战略的深思熟虑，只赞同应急的战略。但我们早知道，世界上没有一个真正的战略是纯粹深思熟虑或是完全应急的，因为其中一个排除了学习，而另一个排除了控制。于是问题就出现了，在何时何地到何种程度才恰如其分呢？

五、集体问题

谁是战略家？我们应怎样解读"组织的思想"呢？我们列出了战略家这个职位的候选者，每个学派都有其自己的候选者。其中的一个极端是设计学派和企业家学派中的他或她，而另一极端是学习学派、权力学派和文化学派中的他们。或者战略家还可以是它：环境、计划、定位和认识学派中的外部世界、程序、分析或者生物意义上的大脑。把所有这些都以另一种方式来表达，那么战略形成基本上是一个个人过程呢？还是技术过程？生理过程？集体过程？甚至非过程？也许是所有这些过程，如果是这样，那么何时何处是哪种过程或每种过程的多少成分呢？

六、变化问题

有关战略变化有三个不同的议题：战略变化的存在、模式和根源。

首先，战略家怎样平衡相互冲突引起的力量与导致稳定的力量呢？战略家又是如何在战略再造、战略适应、战略反应、战略创新和战略学习的过程中，保持战略次序和加强战略秩序、战略效率、战略模式以及战略控制呢？不管大多数文献产生的印象如何，我们仍要重复一个早期的观点，战略是一个根植于稳定而非变化的概念。

组织追求战略是为了保持目标的一惯性，但有时组织也需要战略改变，为了对变化了的环境做出反应，组织不得不抛弃既定的发展方向。计划学派宣称组织可以使稳定与变化共存。企业学派显然都在其这一边或那一边：组织或者总在变化，或者总也不变。在政治学派的观点中，战略是随着新挑战的产生而处于永恒变化的状态。同样，战略学习是一个永无止境的过程：战略模式可以形成，但因为主动性总在出现，所以战略也总是不能完全确定。但对于环境学派和文化学派以及一部分认识学派来说，战略即使变化也是非常之少。

对于变化的形式或者步骤，结构学派非常看重偶然的但却有分量和革命性的变化。设计学派和企业家学派也暗含类似变化形式，其战略表现为某种精确的概念。认识学派和文化学派允许支持这种形式。但另一方面，对他们来说，战略几乎从不变化。与此相反，学习学派允许渐进的变化，由于战略家通过实践对复杂情形有了认识。计划学派也倾向于推行渐进的变化，事实上虽然不是刻意。但政治学派却描述了冲突所产生的不连贯的零碎变化。

对于变化的来源：新战略从何处产生呢？

把学习的概念延伸为不止一个学派，那么组织学习是通过做（如学习学派）、还是通过想（如设计学派）、通过策划（如计划学派）、通过计算（如定位学派），或者通过争论（如权力学派）来完成的呢？学习学派认为组织学习毫不费力，认识学派和文化学派则指出学习绝不轻松，而环境学派则认为组织根本就不学习。那么组织到底要在何时、何处以及如何学习和怎样轻松地学习，以及学习多少呢？

选择，问题不是战略选择是否存在，而是存在多少？由此我们拒绝环境学派的纯宿命论，也拒绝非常接近的认识学派与文化学派观点。同样，我们也拒绝设计学派和企业家学派的唯意志论，其"伟大的领导者"几乎无所不能。而对于计划学派和定位学派的假设唯意志论——为那些聪明的计划师和分析师所准备好的领地——经过密切观察我们发现计划学派被不期而至的变化扰乱，而定位学派则唯恐真的做出选择，在自由意志的幌子下炫示着宿命论。

思考，这与深思熟虑地控制有关。帕斯卡尔提出我们究竟要多少战略思考，暗示着组织痴迷于战略形成过程而失去了对它的控制。从学习学派的观点出发来处理这个问题，帕斯卡尔认为组织应该进行实际行动。当我们批评说明性学派时，我们的意识太过强烈，而损害了我们的行动能力。实际上，自觉思考在认识学派中并没那么顺利，而在学习学派却得到了某种恢复。

假如观点能够激发对战略形成的大量思考，也许就该把帕斯卡尔的观点转换到以下的问题中去，这些问题在战略管理的文献中大多并未提出："战略思考"究竟是什么？它采取了什么形式，即什么"战略风格"最为有效？思想是怎样最佳地与战略制定的行动结合起来的，换句话说，具体行动是怎样指挥一般行动的，以及一般行动是怎样对具体行动施加影响的？何时以及何处？

第四章

让理想照进现实

引 子

杨浩进入互联网专业子公司筹建办两周后的一天，带着一丝的无奈推开了总经理李总的办公室。

未等杨浩开口，李总带着一丝微笑说道：工作进展不顺利？

杨浩倒豆子一般抱怨着：进入筹建办，我带着我的研究成果想与领导们做个访谈，结果不是爱理不理，就是走过场，回来的信息没什么价值，也难以建立较为顺畅有效的沟通；我的成果也束之高阁……我想着自己带着使命去的，结果大家各自做各自的事情，这样下去，怎么贯彻集团和省公司的要求？李总，您有什么好建议吗？

李总依旧笑了笑：先不要着急，先将"技术性"工作暂时搁置，进行一下"情感沟通"。您想想，您都没有花时间与对方建立友好的关系，就想直接达成重要的合作，这可能会让对方感到不安。平时工作的交集并不多，现在要对重大事项的顶层设计协作工作"破冰"，首先要构建基本的信任……

但是，你同时还是保持自己的专业独立性！李总转而又提醒道，这是比较难的，因为难，所以需要我们，这也是一项修炼！

杨浩，作为一名合格的战略分析师，在"战略分析技术"方面已经达到了一定的水平。然而，在履行战略 BP 职能的过程中，他的表现尚有待提高。由于未能建立起足够的信任关系，战略 BP 的工作几乎无法顺利开展。

那么信任究竟是什么？

信任在战略 BP 职能中起到何种作用？

如何在履行战略 BP 职能中建立稳固而又有效的信任关系？

…… ……

这一系列问题，可能首先需要去面对……

继而，又要保持自己的专业独立性。

那么要如何保持？

这又好像是硬币的两面，既相关又不兼容……

度在哪里？

平衡点在哪里？

我们如何去把握？

…… ……

这些又成接下来需要考虑的问题。

第一节　相处的境界

刘墉是乾隆年间有名的官员，特别喜好书法。

他时常四处拜谒书法大家真迹，然后下笔临帖。

某日，一友人告诉刘墉，自己偶然在李渊处得见一幅钟繇的小楷手卷，颇具风骨，建议他借来观赏、临摹。

李渊是二人好友，他们经常在一起饮酒作诗，关系很密切。

不料，刘墉思虑片刻后说："罢了，有机会再欣赏不迟。"

友人甚是意外，对于书法真迹，刘墉一向求贤若渴，为何此次如此矜持呢？

刘墉笑着说，"我知道李渊嗜书如命，如果他借给我，势必心疼至极。"

友人便怂恿道："这也是试探你们友情的一次机会呀。"

刘墉却摇头道："对朋友的了解是为了更好地维护友情，而不能用来考验，这不符合朋友相处之道。"

确实，人与人之间的真心不必试探，真正的情感也无须考验。

两者之间，如果能少一点试探，就会多几分真诚；少一些防备，就会多几分随意。

三毛在《随想》文集中这样写道："朋友之间再亲密，分寸不可失，自以为熟，结果反易生隔阂。"

在人际交往中，无论关系多么密切，建立适当的界限感都是必要的。避免触碰对方的底线，是维持关系长久的关键。不试探的核心基本点在于放下自负的面纱，平等待人。

而俄国大文豪托尔斯泰曾说过："要做真正的知己，就必须互相信任。"人与人之间，永远是相互的。

正所谓"投我以木瓜，报之见琼琚"。

好的关系，始于性情，久于信任。

友谊的堡垒，不仅需要陪伴关心来滋养，也需要彼此的信任来稳固。

由此又不禁想起在唐代，两位杰出的文人——白居易与元稹，他们的深厚友情成为千古佳话。他们因文学而结缘，在漫长岁月中建立起了坚固的信任与理解。

白居易，性格豁达，诗文通俗易懂；元稹则辞藻华丽，情感细腻。尽管风格不同，二人却在文学上相互欣赏，生活中彼此扶持。

白居易在生活困境中，常常向元稹倾诉，无论是创作上的困惑还是生活的艰辛，都毫无保留地分享给元稹。而元稹也总是以真挚的情感回应，给予白居易坚定的支持和鼓励。

两人的友情并未因时间或距离而淡化，反而更加深厚。他们常通过书信交流，分享彼此的生活点滴和对未来的展望。

后来，白居易在洛阳去世，遗嘱中特别提道："我去世后，我将我拥有的一切留给元稹。"这份遗愿简单而沉重，反映了他对这段友情的深厚珍视。

元稹在得知白居易离世的消息后，深受打击。但他没有辜负白居易的信任，妥善安排了白居易的遗愿。这不仅是对他个人的信任，更是对两人深厚友情的肯定。

白居易与元稹的故事是唐代乃至中国文学史上的佳话。他们用真诚和信任书写了一段深厚的友情，展现了真正朋友间的美好情谊。正如白居易生前所说，真正的朋友能够相互映照出对方灵魂中最美好的部分，因为彼此懂得，所以相互珍惜。这份友情才能历久弥新，成为后人传颂的佳话。

有句话是这样说的："信任是开启心扉的钥匙，诚挚是架通心灵的桥梁。"

确实，一个坚信的眼神，可以拉近心灵的距离；一次肯定的点头，可以填平情感的沟壑。

你能对我开诚布公，我就会对你情真意切。

相处不用防备，交往不用顾虑，以心换心，才能收获真情。

信任他人，是一种勇气；被人信任，是一种幸运；相互信任，就是最大的幸福。

放下自负，相互了解，建立信任，才能是好的关系，就如杨绛先生说的："有话直说，有话明说，相处时不用防备，聊天时不用顾忌，这大概就是最好的感情。"

在职场环境中，这一原则同样适用，只是在其中加入了一个"增值"的隐含要求——通过团队合作推动业务的持续发展，共同为企业创造更大的价值，同时促进个体和团队的成长。这里既考虑了个体的独立性和发展，也支持了组织赖以存在的业务或商业成果。

然而，人与人之间的关系，无论是亲近还是疏远，都是一种正常的状态。但在企业组织中，这种关系有时会被强制安排，并且还要求双方都能"经营好"，这无疑是一项艰巨的任务。

在这个篇章中，反复强调"信任"的重要性，建立"信任"并非易事。因此，我引入了另一个重要的概念来解释在战略 BP 的实际工作中如何建立"信任"，以实现目标和使命。

第二节　格斗中的距离感理念

距离感在格斗中的地位是很重要的。

习武者的距离感代表他的真正水平。

格斗实战中的距离感，是指在攻防范围内双方对峙之间的一种直观的距离感觉，是格斗必须具备的一种专业化运动知觉。它不仅包括对自身与对方之间距离的判断和识别，还包括对本身动作之间活动范围的认识，这主要是靠双眼的视觉和大脑相应中枢的协调活动，在充分发展差别感受性的基础上产生的。

培养和利用好距离感，能够有效提高实战攻防效果，达到击中敌方却不被敌击中的目的，是格斗训练中应重点培养的一种能力。

在格斗中，任何攻守、反击均与格斗双方的距离密切相关。从某个角度来讲，善于控制和利用距离关系来达成攻击目的，是取胜的决定性要素。能够称得上实战高手，必有良好的距离感，也必然擅长在格斗中将对手控制在便于自己攻击，而自己又难以被对手击中的实效距离内。

一、距离的优势

有效的距离是发挥实战空手招式的前提条件。如果格斗双方都按其身材的标准与技术特长，随机采用相应的距离，那么，体型较大者与较小者两者的距离自然不尽相同。简言之，不同身高的人以至反应和动作快慢不同的人之间，均有各自不同的特定的实效距离。另外，不同的距离，使用的攻击武器、所攻击的目标乃至采取的战术都有明显或者微妙的变化。

因此，在具体的对抗中，格斗的距离必须依据对手当时的情况而定。利用灵活的步法进退闪转以及运用微妙的身法变化，保持双方空间距离上适宜的间隔范围，或造成对方距离错觉等，都能产生不同的攻守效应。

技法的应用与格斗双方的距离有密切的关系，因此实战空手各流派对于距离的研究均下功夫。为了在格斗中取得制人而不制于人的目的，空手选手在日常的训练和实战中，都十分注重距离感的培养，以便能够做到迅速、准确判断双方间距并灵活攻守。但距离感的养成比技术的养成更难，必须经过长期的有针对性的艰苦磨炼才有可能获得。

1. 有利于准确感知敌我态势

在格斗实战中，双方都在不断变化，我进敌退，敌进我闪，瞬间变化充满不确定性。在做出任何反应判断和攻防动作前，首先是对双方态势要正确感知，如果具备良好距离感就能够清楚感知并把握与对方的有效实战距离，从而寻找最佳进攻、防守与反击的机会，才能做到不"舍近求远"，而"恰到好处"。

2. 有利于有效提高防守效果

在防守时要力求灵活躲闪及时避开敌击打，良好的距离感就非常重要。通过准确的步法移动，或是稍做含胸、收胯、转腰动作，恰如其分地避开对方进攻，又能迅速及时还招反击，目标部位或自身动作最大发力点之间出现的距离差就会很少，有利于保持最易于转换防守的理想距离和姿势。

3. 有利于充分发挥进攻威力

在实战对抗中，双方对峙时都保持着一定间距。如果距离判断准确，在主动进攻时，通过快速的步法移动，占据有效的攻击位置和距离，从而使攻击动作触及对方身体部位时正是力度的最高点，此时的无效距离与实际有效距离的差数很少，可以准确地击中对方，使其遭到沉重的打击。

二、距离感在格斗中的表现

距离感在格斗中有以下不同的具体表现：

1. 打法不同，距离感不同

每个格斗选手都有擅长的打法，每一种拳法、腿法都有不同的打击距离，要想击中对手，距离感就显得异常重要了。距离太远，击不到对手；距离太近，不易发力。

到底多少算最佳距离呢？这就要看你思维感觉了。

因为在实战中，对手在不停地移动，距离也在不断地变化，所以说没有固定不变的距离。只有在你感觉到是最佳距离的时候，毫不犹豫地迅速攻击对手，才能如你所愿，达到目的。

2. 个体不同，距离感不同

每个人的身高、臂长、腿长和技术掌握的情况不同，打法和距离感也不同。如身矮臂短的人，善于逼近击打；身高、臂腿长的人善于中长距离击打。但是，你要记住，无论你身体条件怎样，实战中都是近距离用勾拳、肘击、冲膝，中长距离用摆拳、直拳、腿击。

不管什么拳法、腿法，当对方一进入打击距离时，自己就要先发制人，还得用步法时刻调整和对方的距离，用熟练的技巧使拳腿发挥出最大的威力，有力地打击对方，也能防止对方攻击。

由此可以了解，在格斗过程中，打法和个人身体、技法特点的不同确立不同的距离感，能及时避免对手的击打，同时准确击中对方，从而战胜对方，进一步达到为观众奉献一场精彩绝伦的格斗比赛（或者表演）。

三、战略 BP 距离感

同样在战略 BP 与业务进行协作时，充满了与此类似的意味：通过观察对方的特点和需求（包含带头人能力特点、业务发展阶段、核心能力、重点突破战略点、团队情况等），审视自己特质与能力，实施"距离"策略，既保持自己的独立性（总部赋予的职能使命），同时支持业务发展，协助实现目标（建立信任），进一步为双方共同的"买单方"（总部）贡献精诚团结的表现。

当然，实战格斗与我们所要描述的战略 BP 距离感有一个比较大的差异，前者是需要"一方战胜另一方"，表现在肉体上，可能受伤、流血，甚至出现重大事故；但后者不是某一方的物理倒下，需要战胜的是双方心中的"陌生感""防御心"，建立信任，从某种意义上说是精神倒下再站起来的过程。

战略 BP 的距离感具体体现在以下三个方面：

首先，推力是战略 BP 职能所赋予的关键力量，它包括了战略的落地实施、战略策略原则等要素。这种力量确保了战略方向的明确性，并推动了整个组织朝着既定目标前进。

其次，中间链接力扮演着"桥梁"的角色，维护着总部集团与业务部门独立经营体之间的联系。它涉及对集团措施与要求的解读，向集团争取资源，反映重大问题等工作。重点是帮助业务单位解决战略性的资源与问题，作为中间杠杆平衡由"推力"带来的"不适感"，避免产生"夹生饭"，建立信任。

最后，引力是指战略 BP 在战略领域中对业务部门保持领先的地位，始终保持在战略领域对业务部门领先"半个身位"。这种引力作用不仅对业务本身产生"牵引力"，也对整体战略产生积极影响。通过这种方式，战略 BP 的岗位能够稳固地存在，并获得大家的信服和接受，从而更好地开展工作。当然，这本身是有难度的，首先在于自己的积极主动的态度，其次是不断进步的卓越能力。

那如何落实这个"距离感"呢？如何去观察业务方，寻找工作空间，既履行自己的职责，又支持其发展，还能促进双方个体与团队的进步？这里既要了解服务的对象，核心即带头人或核心团队，同时还需要理解对战略 BP 的能力发展有什么要求？

第三节　业务带头人应具备怎样的素质和能力

在多元化集团中，相对独立核算单元的带头人从某种程度而言恰似一个企业的领导者。合适的带头人对业务发展起着至关重要的作用。柯林斯，作为全球极具影响力的管理学大师之一，将他们称为恰当的人选；通用电气前首席执行官韦尔奇则将他们视为杰出的明星；而杜拉克则将他们描绘成策略运筹与决策制定的专家。这些管理学界的权威人士所讨论的焦点，正是那些在真正意义上左右企业成败的重要人物。

作为领导者，在其综合素质上，有三方面是属于核心能力的，即决策、用人、专业。而这三方面侧重点又各不相同：对于领导者来说，最重要的是决策，占47％，其次是用人，占35％，专业只占18％。

在上述表述中，我们观察到市场对于业务领导者的素质与能力的评价往往集中于对其成果的描述，这在某种程度上类似于"领导人素质与能力模型的终极展现"。从这个角度来看，对业务领导者的要求呈现出多维度的特性，有时甚至难以进行全面评估。正如俗语所说，"按下葫芦浮起瓢"，他们在特定领域的突出表现恰好满足了业务发展的需求，因此被视为匹配度高的选择。

在业务发展的过程中，他们不断提升自身能力并推动业务的持续发展。因此，我们讨论的战略BP合作中的业务领导者，通常是从企业内部培养出来的。他们原本从事某项具体工作，但被企业委以重任，负责探索新赛道或新品类的开拓。从发现机会开始，到产品或服务的成型、试点试销（种子客户），完成从 0 到 1 的过程，然后扩大规模，实现从一个产品到一个业务的真正转变。

在探讨领导力的转型过程中，我们通常观察到一位专业人士可能从其专业领域如技术、产品、市场、销售或服务等出发，逐渐过渡到担任产品经理的角色，并最终扩展至全面管理整个业务范畴。从某种角度来看，我们所讨论的个体必须在一个特定起点上开始他的职业生涯，或者在领导或参与业务时，已经具备或领先于当时业务发展所需的关键素质和能力。

为了深入理解这一转型过程，我们将首先分析那些在业界被广泛认可具有强大产品力的组织（具体名称在此不予详述）对产品领域领导者的核心要求。

案例1 某顶尖互联网电商企业

素质模型分为基本素质和关键素质：

（1）基本素质：学习/提炼能力；办公技能；执行力；关联专业知识（财务、法律等）。

（2）关键素质：沟通能力/trade off（权衡取舍）；行业融入感/ownership（主人翁意识）；技术理解；AQ/EQ（心态/胸怀）。

能力模型分为知识技能、客户导向和领导能力，其中两部分还细分成市场能力、产品能力、运营能力：

（1）知识技能：市场能力（对外商务沟通）；产品能力（行业认知，专业设计能力）；运营能力（运营数据分析、营销与推广策略、危机预测与控制/预见性）。

（2）客户导向：市场能力（市场/用户的调研与分析）；产品能力 [用户需求理解/80/20/细节、产品规划（版本计划/节奏）]；运营能力（渠道管理）。

（3）领导能力：项目管理；带人的能力 / 知识传递。

案例2　某顶尖互联网综合服务企业

素质模型分为基本素质和关键素质：

（1）基本素质：学习 / 提炼能力；办公技能；执行力；关联专业知识（财务、法律等）。

（2）关键素质：沟通能力 /trade off（权衡取舍）；行业融入感 /ownership（主人翁意识）；技术理解；AQ/EQ（心态 / 胸怀）。

能力模型分为知识技能和领导能力，其中前者细分为市场能力、产品能力、运营能力：

（1）知识技能：

①市场能力：对外商务沟通、市场 / 用户的调研与分析；

②产品能力：用户需求理解 /80/20/ 细节，行业认知，专业设计能力，产品规划（版本计划 / 节奏），结果导向与成本意识；

③运营能力：运营数据分析；渠道管理；危机预测与控制 / 预见性；营销与推广策略。

（2）领导能力：项目管理；带人的能力 / 知识传递。

案例3　KANO 模型下的产品经理素质模型

KANO 模型来源于赫兹伯格的双因素理论，由日本的卡诺博士提出，基于此我们将能力分成三个层次：基本型、期望型和兴奋型。

（1）基本型能力

假设不具备某种素质能力，企业是否会不满意，甚至会考虑换人或降职。换算成百分制的话，满足不了这个层面的要求就是60及格分以下，因此这个层面的技能就是 KPI 绩效指标分类中的基本因素，岗位所必须掌握的技能，是企业要不要招聘或继续雇佣的重要判断依据，也是入门者必备能力。

基本能力的核心就是站在市场全局中动态了解自己的用户，推动产品研发周期，使核心用户基本需求得到满足。

包含：

①沟通能力（产品管理）；协调能力（资源争取、周期把控、成本把控）、逻辑能力；

②执行力，学习力；

③市场判断力（行业趋势、竞争对手）；

④用户调研（需求采集、用户调研、建用户模型）；

⑤需求管理（需求评估、需求打包、需求转化）；

⑥产品设计（UC 案例、思维导图、原型设计）。

（2）期望型能力

在具备基本能力的同时应尽力去满足企业的期望型需求，这是人才竞争性的重要因素，也是自我成长、岗位升迁的重要判断依据。

在人力资源的 KPI 绩效指标分类中，期望型能力是考核中的重中之重，也是人才与人才差距的体现。在百分制的考核中，属于60～100分区间。

在现实商业环境中，各产品所处的发展阶段、市场定位以及战略重点各不相同，因此对产品经理的期望和需求也会随之动态调整。期望型能力在不同的企业或产品的不同阶段，会呈现出不同的侧重点。例如，在产品抢占市场的阶段，对产品经理的市场推广能力的要求较高；而在销售阶段的产品，则更偏重包装和促销能力。

鉴于此，在进行关键绩效指标（KPI）考核时，管理者应当对所期望的能力进行重要性评估，以指导产品经理朝着企业最希望的方向发展。

包含：

①管理能力（项目管理、制度流程、自我考核、计划总结）；

②技术能力（信息架构、数据库设计、交互设计、审美能力、技术研发、测试能力）；

③商务能力（销售策略、产品推广、对外合作）；

④数据分析（数据模型、数据分析）；

⑤人格魅力（领导力）；

⑥产品战略（产品愿景、产品定位、产品规划）。

（3）兴奋型能力

兴奋型能力产生的原因是因为企业一开始没意识到产品中所出现的问题，产品经理却具备了这种解决能力，并且成功地解决了此类问题。由于企业一开始没想到，因此此类能力所发挥出的效能在计划目标之外，属于挑战型目标，是激励的对象。

兴奋型能力并非仅限于模型中画出来的几种能力，任何一种基本型能力和期望型能力做到专家级别都有可能变成企业的兴奋型能力。

随着企业所处发展阶段的不同，对兴奋点的要求层次亦随之变化。例如，对于初创型公司而言，产品经理若具备了基本型能力或期望型能力，可能已足以达到兴奋值。而对于大型公司，除非产品经理是该领域的精英或拥有特殊的资源，否则较难达到兴奋值。

然而，既然能够提升企业的兴奋值，管理者应当投入心力去激励，使之受到认可，从而激发更多的兴奋型能力。

包含：特有资源（客户资源、政府资源、资金资源、技术资源）；能力创新（产品创新、管理创新、文化创新、设计创新）；行业专家（通用行业、垂直领域）；影响力（名人效应、号召力）。

👥 **案例4** 某咨询公司根据服务大量客户的经验总结的素质和能力模型

基本素质：成就导向、积极主动、关注客户、自我学习、团队领导力。

素质与能力侧：

①需求分析与路标规划（产品地图、市场需求收集、市场需求分析、产品包需求分析、市场细分、竞争对手分析、组合及商业模式分析、路标规划制定）；

②产品开发及项目管理（产品定义、项目计划管理、制定业务计划书、项目绩效管理、决策评审管理、重大问题管理、产品开发质量管理）；

③生命周期管理（关键节点类更改、产品数据管理、产品定价策略、产品制造及订单管理、产品服务）；

④产品策略及发布推广［卖点分析及宣传、定价及商务策略制定、产品推广策略、命名、商标及知识产权管理、产品发布（含销售工具包）］；

⑤销售支持及客户关系（新产品销售支持、新产品销售渠道建设、行业客户销售支持、战略客户关系维护、重大项目销售支持、销售培训、发货支持）；

⑥财务与成本管理（产品财务及成本分析、产品及项目预算及核算、产品及项目预算监控与分析）；

⑦体系建设（流程制度建设、知识库建设、团队建设）。

👥 **案例5** 组织某阶段（如创业初期或是产品初期，本案例中统一假设对象是创业期组织）构建完整体系对于带头人及其核心人员的要求。

每个初创企业在发展过程中不可避免地会遇到一个关键性问题：如何打

造具有市场竞争力的产品。为了探索这一难题的解决之道，众多企业投入了巨大的努力和资源。在寻求答案的过程中，许多人历经迷茫，广泛涉猎相关课程与资料，并向业内专家求教。然而，他们最终获得的解决方案往往源自大型知名企业，这些方案虽然并非错误，却也难以断言其绝对正确。

这样的东西有价值，但是可能解决不了当下的问题。在《精益创业》中给创业公司下了一个不错的定义：创业公司是在高度不确定的情形下，进行产品或服务创新的一个机构。

大多数创业公司往往面临着三个困境：缺钱、缺人、缺时间。这些公司没有钱也没有时间去做什么大规模的市场调研，再做出来一套完善的产品和物料去推向市场。都说不打无准备之仗，但真要等到准备好再开战，可能公司已经没了，况且"准备好"这件事本身就是个伪命题，创业做的事情是要找到平衡，而不是一味在某些问题上追求局部最优，创业追求的整体最优、结果最优。

在当前巨头林立的市场环境中，省时省力的业务领域几乎都被巨头所占据。创业公司往往选择进入那些鲜有人涉足的细分领域，这些领域缺乏可借鉴的经验，因此创业公司不得不自行探索和积累经验。这正如我们以往经常提及的一句话：即便是想要模仿，也难以找到合适的对象。

在这种情况下，创业公司最好的选择就是：小步快跑，飞速迭代。

在互联网创业的历程中，我们观察到，即使在竞争激烈的时代，那些最终能够存活并取得成功的公司，往往是依靠不断地自我迭代和创新。它们最终取得的成就，往往并非它们最初的设想。例如，迅雷最初是致力于开发分布式邮箱技术，腾讯最初是从事BP机业务，京东最初是光磁产品代理，华为最初是交换机代理……

我们需要深刻认识战略、产品、市场的三角关系：市场情况决定战略，而在某种条件下战略也可以影响市场格局；战略决定了产品方向，而产品在更新迭代过程中，也可以反过来影响战略；产品制定与迭代需要市场反馈，而市场也可能由于产品的推出改变格局。

这个过程人人都知道，一般的企业做事情也都是遵照这个关系。

然而，所谓的"常识"实际上仅仅是对相关情况的详尽列举，而在企业的不同发展阶段，这个三角循环实际上是会发生变化的。

这是一个分步骤进行的三角循环。对于创业公司来说，一个产品的诞生包括以下几个步骤：

首先，创始团队发现了一个市场机会，制定了一个战略，通过战略确定了产品的一个方向，然后便开始招募一个团队，开始开发产品。

产品开发出来之后，便开始推向市场，这个时候可以收到市场的一轮反馈，然后根据此来调整产品。

产品的调整或者新的功能点，可以为公司带来更强大的竞争力，很有可能发现新的市场机会，然后会进入一个新的循环。

通过减少节点、提高电压和加速传导，我们可以优化创业公司产品三角循环的过程。以下是两个主要观点：

（1）战略通过产品对市场产生影响。对于创业公司而言，由于缺乏庞大的生态系统，无法仅凭一句话就影响众多元素，因此唯一的手段便是产品本身。

（2）战略调整主要基于产品反馈。市场需求是市场存在的核心原因，但这些需求并不经常发生变化，除非受到政策调整等不可抗力因素的影响。例如，小米公司成立时，并没有创造一个全新的市场，而是发现了一个已有的市场。因此，在首次制定战略之后，后续的战略调整很大程度上依赖于产品发布后收集到的一手反馈信息。

基于这两点共识，应该认识到，创业公司在这个循环中需要做的是不断加快三角循环的速度。

如何操作呢？可以根据自己公司的实际情况，对这个三角循环进行细化。你会发现，在这三者之间，还有其他环节甚至一个网络。

例如，产品与市场之间可能存在运营、商务等不同角色；战略与市场之间也可能有一位或几位不同的角色。

有连接就会有传导，有传导就会有损失。

每增加一个节点，信息都会有大量的损失，最可能导致的情况是销售人员抱怨产品问题，产品改进无法解决问题，CEO不清楚问题所在。

因此，在建立产品管理体系之前，应尽量减少这个循环中的无关节点，并采取一些措施来加大压力，使这个循环快速运转。

正如标题所说：减少节点，增大电压，加速传导。

上文提到，创业公司面临的难题有三：资金短缺、人员不足和时间紧迫。生存是大多数创业公司的目标。

大部分公司在建立业务体系时，都按照大厂的标准模式设置岗位，希望形成标准化的能力。

但对于创业公司来说，这可行吗？在大多数情况下，答案是否定的。

在案例分析中，我们观察到一个团队曾承担了一个前所未有的项目。该项目在全球范围内均无先例，因此难以找到有相关经验的专业人士参与。项目完成后，由于产品新颖独特，运营团队对于如何撰写宣传材料、如何进行有效推广以及销售人员如何向客户介绍产品都感到无从下手。即便偶尔与客户需求对接成功，团队也往往缺乏深入挖掘客户真实需求的动力，通常仅是简单回应，未能深入探讨客户的初始诉求。

在此背景下，公司内部信息的有效传递及高质量产品的打造成为对高层管理的一大挑战。尽管团队尝试了多种解决方案，但成效均不理想，产品依旧未能精准满足市场需求，销售团队也难以准确传达产品的核心价值。

曾经设立的销售培训岗位最终也被证明是无效的。原因在于，整个公司对于这一全新领域尚处于摸索阶段，未完全理解其精髓，导致销售培训无法有效执行市场推广或深度了解产品，甚至未曾真正接触客户需求，因而难以为销售团队提供有力的培训支持。

面对困境，创始合伙人不得不亲自上阵，经过不懈努力，终于探索出一条适合自身的发展道路，并构建了一套以产品为核心的业务体系。其结果是，产品经理在短短三个月内迅速确立了竞争优势，并在六个月内成为该细分市场的领军者。产品在市场上的表现极为出色，与多家大型企业建立了合作关系。

在以产品为核心的业务体系中，客户并非直接与产品经理接触，而是先通过销售、运营或售前人员等角色间接联系产品经理。产品经理随后根据这些角色提出的需求设计解决方案并交由研发团队实施。然而，这种模式容易导致信息流失，并且对每个环节的工作人员要求极高，这对于初创企业而言无疑是一大挑战，往往会导致各环节运作不畅。

因此，团队考虑采取更为激进的策略，即将所有高要求集中于产品经理一职，形成了以产品经理为核心的新型业务体系。在这一体系下，其他职能角色如运营、品牌、销售等仍可向产品经理提出需求，这一点与传统模式并无太大差异。

主要差异体现在两个方面：

（1）产品经理将直接与客户进行沟通；

（2）产品经理扮演着其他部门知识枢纽的角色，负责向外传播专业知识。第一点很好理解，产品经理直接对接客户，省去了中间环节，不存在信息损失，而且产品经理可以从产品设计的角度，去挖掘客户的需求，回去就能够设计出来实用的功能，这一点上好处是非常显著的。

我有一个朋友，曾经从事农业产品的批发业务。他每日起早贪黑跟着菜农们一同前往批发市场，随后又参与销售过程。这份工作虽然极为艰辛，但通过这种实践经历所获得的行业洞察和对业务的深刻理解，是仅仅通过市场调研所无法比拟的。

至于第二点，可能很多人会觉得太激进，而且这个对产品经理的要求太高了，产品经理如何去给品牌输出知识呢？其实照我说，不是我们对产品经理要求高，而是大部分公司对产品经理要求太低。

在探讨品牌方面，产品经理必须向品牌部门明确阐述产品的价值和卖点。若未能清晰理解这些基本要素，便难以胜任产品经理的职责。此外，产品经理还需为销售人员提供产品介绍的关键沟通技巧。在传统模式下，销售人员往往自行制定沟通技巧，然而，他们可能无法独立识别产品经理所规划的重点或避开某些棘手问题的策略，从而导致客户难以全面理解产品的特性和优势。

他们公司的产品原始文档输出全都由产品经理做，不仅包括产品文档，还包括市场文档、解决方案、市场沟通技巧等，甚至官网的文案都是产品经理自己写的，做了这些事情之后，整个产品团队对业务和公司的理解，会明显上升一个层级。

此外，选择此方式的另一重要原因与他们的业务密切相关。如前所述，我们的业务是一个全新的领域，未有先例可循，所有事务均需从零开始。产品经理在产品开发过程中，产品团队成为最先全面深入理解业务的团队，这对于产品的开发至关重要。这也是多数初创企业面临的常态。因此，采取先行者带动后来者的方针，在逻辑上是合理的。

采用如此激进的模式，势必会引发一定的不适，不管是公司还是个人，所以在采用这种模式的时候，也有一些关键点需要注意：

（1）产品经理的能力问题：大部分的产品经理其实是不完全具备这种能力的，那么对这一块就要作好准备，他们是一家细分领域的创业公司，他们找不到很懂相关业务的人，所以愿意给产品经理一个成长期，这是必须经历的阵痛；

（2）产品经理的意识问题：有些产品经理给自己的定位就是只做产品工

作，不愿意接受其他认为本不该属于产品经理的工作，这种人是不适合这个模式的，在做招聘的时候，就要先把预防针打好，并且在工作中不断向产品经理灌输这种思想；

（3）工作分配问题：工作分配要把知识输出考虑进去，最好形成常态化，他们标准的产品文档中需要产品输出的内容，都做了硬性要求，不写该产品文档就通不过，其他的诸如产品培训、项目复盘、产品设计背景及思路、产品讲解沟通技巧等，都有相关规定；

（4）利益相关方的平衡考量：在任何存在人际关系的场合，都不可避免地会形成某种形式的利益格局，在推行新模式的过程中，无疑会触及现有的利益分配，因此在决策前，必须全面评估公司内部的权力结构及其分布情况，若未能妥善处理，一旦新模式实施，可能会遭遇强烈的抵触情绪，甚至激化成派系间的纷争，给组织带来不必要的困扰与痛苦。

一、打造高机动性的产品研发体系

前面讲了如何去打造有竞争力的产品业务体系。

接下来该关注的是如何迅速把产品开发出来。

产品研发体系在本质上具有高度的相似性，主要遵循的是在产品开发的各个阶段逐步推进。这些开发流程非常容易获取，通过简单的网络搜索即可找到，或者向任意一位研发经理咨询，他都能够详细地阐述各个阶段的内容。在这里，只想强调一个词——**机动性**。

如何理解这个机动性呢？

具体可以分三个层面：节奏上明快、制度上简单、架构上灵活。

1.节奏上明快

做产品肯定听说过一个词——MVP，在 MVP 版本上线后，一定要快速地推进产品的节奏，小步迭代，最好每周都有更新，每天都有新想法。

即使有一个需要做很久的功能，也要分出来一部分人，保持每周发布新版本的良好节奏。

具体有以下两个好处：

其一是小步迭代可以实现快速转向，并且能够迅速收集客户反馈。这就像你已经确认客户有出行需求，那么你可以首先制造一辆自行车来观察他的反应，而不是直接制造一辆豪华轿车给他。

其二是营造团队氛围。对于产品研发而言，这可以保持团队的紧迫感，让他们了解公司正在快速发展，不能掉以轻心。如果宣布一个月或两个月内发布产品，前一半时间会有很多人懈怠；对于非产研团队来说，他们可以看到产品正在更新，这会在潜移默化中增强他们对公司的信心。

2. 制度上简单

对于初创企业而言，确立一套规范的制度无疑是核心要素之一，但并不意味制度的复杂程度与其效果成正比。

观察众多大型公司派遣的高层管理者，他们常常在新职位上迅速实施变革，借鉴大企业的模式，制定了极其详尽的规章制度。然而，这种做法往往会导致新制度与公司现有环境和文化不匹配，从而引发广泛的不满和抱怨。为什么呢？

其实每个公司都有其特殊性，就像公司文化一样，是在公司的发展过程中逐渐形成的，是一个团体在认识上达成一致的结果，而不是说定就能定出来的。

公司的流程制度也是一样，是在公司发展过程中逐渐根据公司特性去完善的，是一个公司特有的做事方法具象化的产物。

在公司初创阶段，分得太细的东西，很限制员工手脚，最终影响公司整体的运转。

据说当年某跨国巨头刚开始组建国内团队的时候，很受集团约束，自身没有多少权力，甚至连网页上改文字大小和颜色都要到总部汇报审批，这种情况下最终结果可想而知。

所以，在制度上，能够达到让大家知道事情怎么做就行了，尽可能地减少审批。千万不能像一些大公司那样，审批一个流程好几天，创业公司等不起。

3. 架构上灵活

技术架构是很多非技术出身的创业者基本不会考虑的事情，第一因为不懂，第二因为不紧急。但是作为一个创业公司，其实很难去确定未来的一个发展方向，因为业务很可能是不断在变化的，应对这种情况，最好有一个灵活的技术架构。

我们曾经也面临过转型，但好在当时的底层数据能通用，并且应用层没有做多少工作，才在很短的时间内重构了产品，但是并不是所有公司都这么好运。

若创业者在技术方面缺乏深入了解，则必须与 CTO 或技术总监进行充分沟通。应详尽探讨未来可能出现的各种情况，并为这些可能性分配适当的权重。此外，应多讨论不同的技术方案，并选择既能承受又更优的方案。然而，这种做法可能会引起技术总监的反感，因此需要提前做好准备工作，强调此类讨论对技术人员的实际益处。

值得一提的是，除非企业专注于高端技术创新，否则应采用行业内主流的技术。避免使用非主流或杂乱无章的技术，因为随着公司的发展，这可能在招聘、产品维护和生态合作等方面带来不便。

二、关于招聘策略

对于初创公司而言，期望立即招募所有必要的人员是不实际的，特别是在非一线城市，普遍存在人才短缺的问题。因此，"如何招人"这一问题应转变为"如何招募关键人才"。这些关键人物通常是合伙人或团队领导，一旦招募到这些人，其余的事务可以委托给他们处理。他们将自行组建团队并解决相应的问题。那么，应如何寻找这样的关键人物呢？

1.定义画像

首先应该定义清楚，到底该招聘什么样的人，就像我们做产品一样，首先要给用户画像，才能做出针对性的动作。

这里有个方法，先不把这个人拘泥于某一个岗位，而是要不断地发问：我招这个人进来，究竟要解决什么问题？然后把问题和困惑都一并抛出来。

根据问题，基本可以定位目标画像，比如需要他组建团队，那么就需要管理经验，需要做一个新产品出来，就要有从 0 到 1 的经历。

然后就是困惑，这个可以请教业内一些有经验的人，先得到别人的答案，再在面试的时候提出来，回答完毕后，就基本知道这个人的水平了。

2.目标认同

创业公司要找的人，一定是认同自己目标并愿意为这个目标而努力的，否则在战场上不愿意用尽全力去拼搏，这对一家创业公司来说有可能是致命的。

如何确保对方的目标与我们的一致？认为应当顺其自然。以产品开发为例，顾客之所以选择我们的产品，是因为他们认同我们的理念。若他们仅因一时的冲动而购买，那么他们不太可能成为回头客。招聘亦是如此，向候选人阐释职位后，如果他们理解并接受，接下来便取决于缘分，无须过度游说，否则可能导致双方关系破裂。

至于如何判断新加入者是否真正认同我们的价值观？吴昊老师在其《SaaS 创业路线图》系列文章中提出了一种有趣的方法，值得分享给大家。

对于团队的新成员，推荐采用"投名状"策略。何为"投名状"？假设有一位新的合伙人加入我们的团队。创业之路充满艰辛，尽管他工作努力，但许多付出不会立即见到成效。这时，这位新合伙人能否坚持下去便成为一个挑战。因此，我们希望他在加入之初便能深思熟虑。如果他能投入一定资金，按优惠价格购买公司股份，那么他将经历一次投资前的深思。正如我们对待 B 端产品的态度，不提供免费试用，让顾客在付费时经历思考的过程。我们希望新合伙人也能通过这种方式，深思熟虑后决定是否加入我们的团队。这个方式，也得到心理学的解释，就是当一个人对一个事情肯付出，当他已经投入了一些努力之后，他就会越来越多地付出，不容易轻易放弃。

3.人岗匹配

一个创业者在创业过程中，会遇到很多非常有能力又能说会道的人，这些人能加入公司，会是一件很好的事情。

在招聘过程中，必须铭记一个关键原则：所招募人员的能力应与岗位要求相符合，即所谓的"人岗匹配"。这不仅涉及对应聘者逻辑表达能力的评估，还包括对其过往经历的考察。在此过程中，我们不应被表象迷惑，避免将某人安排在其无法胜任的职位上。

曾有一位企业主因与一位长期从事技术工作的人士交谈甚欢，便决定将其招至麾下，负责产品研发工作。然而，该人员所研发的产品完全基于研发视角，缺乏从客户角度出发的考虑，导致销售团队的不满和抱怨，最终造成了得不偿失的局面。

4.学习能力

另外需要提出来的就是，一个人的学习能力，是对创业公司非常重要的。

创业公司做的事情是没人做过的，就需要这个人快速地理解业务，快速吸纳新的东西。

那怎么看一个人的学习能力呢？具体包括以下两点：

（1）有没有学习意愿。

评价一个人的学习意愿，可以通过跟他聊一个深入问题来判断，这个问题可以是他之前的项目，也可以是他感兴趣的话题，如果他能够有耐心深入聊下去的话，那这个人的学习意愿就比较强；反之，如果一个人没有学习意愿的话，那对此类话题其实是躲闪、逃避甚至抗拒的；

（2）有没有过成功的学习经验。

为什么公司都喜欢"985"的毕业生？因为"985"的毕业证，本身就是一种证明，可以降低 HR 筛选简历的难度。本质来看，这种证明实际上是证明了一个成功的学习经验，一旦有了成功的学习经验，学习就会变成一件简单的事情，只要想学，很少有事情是学不会的。除了学历，还有诸如成功转行经验、转专业经验、考证经验等，我认为都是属于成功的学习经验。

这两点必须全部具备，才算是一个有学习能力的人。

三、让产品优势可持续

最后想再说一下如何让建立起来的产品优势保持下去。

其实涉及产品优势的人、财、物，核心还是人，有了人，才有能挣到钱、协调好物的前提。所以保持产品优势的本质，是留住人。

1. 自上而下的热情

上面说到，公司最重要的还是人才，那么 CEO 就是站在这个人才梯队的顶端的人，他的情绪是可以影响整个团队的。创业是一件艰苦且极具不确定性的事情，团队需要时刻保持热情，而这种热情，CEO 一定要传达出来，即使在公司最难的时候，也要表现出对事业的极大热情，这种热情很能感染员工。

真正能驱动团队的，永远都是愿景、信念这些看上去很务虚的东西。

2. 培养人才的意识

人才培养是各企业经常讨论的议题，然而不少管理者对其真正目的缺乏清晰认识，常误以为仅是激励下属安心工作的手段。

这种观点并不准确。实际上，人才培养的意义至少包含两方面：一是分担工作，二是保留人才。创业公司面临众多待解决与处理的问题，管理者不应仅仅专注于日常事务的处理。相反，他们必须在思维和战略层面引领团队，为团队指明前进方向。对于下属，应当有意识地进行授权，将一些关键任务交由他们执行。虽然这可能在初期会带来较大的工作压力，但随着时间的推进，工作流程将逐渐顺畅，工作负担亦会相对减轻。

3. 看得到的晋升通道

很多公司都能看到这样的一个有趣的现象：优秀的员工一般都待不过两年。

究其原因，还是公司无法给这些人一个很好的上升通道，看不到未来，只有一走了之。所以一定要给员工看得到的晋升通道，可以把级别定得密集一点，晋升名额开放得多一点，真的不要为省那一点成本，而失去公司最重要的资产。

例如，设想一家初创公司实施员工绩效考核制度，据观察，在该公司中高达 80% 的员工最终评定为 B 级绩效。在某些规模较小的部门中，A 级绩效的员工几乎不存在。此外，该公司的晋升机制与积分累积挂钩，通常需历时一年半方可获得晋升机会。试问，在此种工作环境之下，又有多少人愿意长期从事呢？

四、做好知识沉淀

最后的最后，是很多创业公司都不重视的事情，就是知识沉淀。

创业领域总是充满挑战，企业不应仅依赖员工个人来积累经验。这种做法可能导致信息孤岛现象，并且在员工离职时给企业带来不便。经常发生的情况是，当关键岗位的员工离开后，新上任的员工需要重复前人的错误，这不仅耗费时间和资金，也可能损害公司的声誉。

通过采用适当的工具、建立相关制度并定期进行审查，所花费的时间并不多，但这些措施将对公司产生显著的正面影响。

上述我们既列举了属于不同行业领域的案例，比如互联网、电商、IT、咨询等，也涵盖了属于不同阶段业务对带头人的要求，比如还在初创期、在产品期等，还面向了不同的产品受众群体，有直面 C（consumer）端消费者的大众消费品，也有面向 G（government）端、B（business）端组织的解决方案和产品。

从中可以看到，虽然有时候分类层次不同，有的分成素质和能力，并将素质又分为基本素质和关键素质；有的将不同能力在不同专业领域内又平行分类，比如市场能力、产品能力、运营能力；甚至有些能力归属表述不尽相同，比如财经知识、法律知识，有的放在素质中，而有的作为一个大的能力族，单独列出来。

但总体上来说，其素质和能力要求已经表达得十分清晰和丰富，只不过在业务发展的不同阶段需要突出不一样的能力，甚至过程中当自己可能还不具备一些能力的时候需要其他核心人员前来支援，这就是团队以及 BP 的作用，通过不断学习与实践，与时俱进，业务与团队、个人共同成长。

第四节　在业务不同阶段需要重点关注哪些事情

通过机会论证，一种产品通过测试后进入市场，它的销售量和利润都会随时间推移而改变，呈现一个由少到多，由多到少的过程，就如同人的生命一样，由诞生、成长到成熟，最终走向衰亡，这就是产品的生命周期现象。

所谓产品生命周期，是指产品从进入市场开始，直到最终退出市场为止所经历的市场生命循环过程。产品只有经过研究开发、试销，然后进入市场，它的市场生命周期才算开始。产品退出市场，则标志着生命周期的结束。产品生命周期一般分为导入（进入）期、成长期、成熟期、衰退（衰落）期四个阶段，每个阶段都有其清晰的特点。

一、导入期

新产品进入市场，便进入投入期。此时，顾客对产品还不了解，只有少数追求新奇的顾客可能购买，销售量很低。为了扩展销路，需要大量的促销费用，对产品进行宣传。

在这一阶段，由于技术方面的原因，产品不能大批量生产，因而成本高，销售额增长缓慢，企业不但得不到利润，反而可能亏损。产品功能与性能也有待进一步完善。

企业应努力做到：投入市场的产品要有针对性；进入市场的时机要合适；

设法把销售力量直接投向最有可能的购买者，使市场尽快接受该产品，以缩短客户培养周期，更快地进入成长期。

总体上我们总结导入期的特点如下：

导入期的经营风险非常高。

- 产品：设计新颖，质量有待提升（尤其可靠性），前途未卜，产品各方面都在不断变化。
- 用户：数量少，收入高。
- 竞争对手：很少。
- 市场规模：销量小，产能过剩。
- 产品价格：弹性小，价格高。
- 生产成本：高。
- 营销费用：说服购买，成本高，广告费用高。
- 产品利润：较低。

营销策略是投资于研究开发和技术改进，提高产品质量。

战略目标是扩大市场份额，争取成为"领头羊"。

主要战略路径是投资于研究开发和技术改进，提高产品质量。

二、成长期

这时顾客对产品已经熟悉，大量的新顾客开始购买，市场逐步扩大。产品大批量生产，生产成本相对降低，企业的销售额迅速上升，利润也迅速增长。

竞争者看到有利可图，将纷纷进入市场参与竞争，使同类产品供给量增加，价格随之下降，企业利润增长速度逐步减慢，最后达到生命周期利润的最高点。

同时随着竞争的加剧，新的产品特性开始出现，产品市场开始细分，分销渠道增加。企业为维持市场的继续成长，需要保持或稍微增加促销费用，但由于销量增加，平均促销费用有所下降。

一般针对成长期的特点，企业为维持市场增长率，延长获取最大利润的时间，可采取改善产品品质、寻找新的细分市场、改变广告宣传的重点、适时降价等策略。

成长期的特点如下：

成长期的经营风险有所下降，但是经营风险仍然维持在较高水平。

● 产品：各厂家产品技术和性能差异大。

● 用户：能接受参差不齐的质量，对质量要求不高。

● 竞争对手：竞争者激增，开始争夺资源。

● 销量：节节攀升。

● 市场规模：产能不足，向大批量生产转换，建立大宗分销渠道。

● 产品价格：最高。

● 生产成本：逐渐下降。

● 营销费用：广告费用较高，单位销售收入分担广告费下降。

● 产品利润：最高。

成长期营销策略是市场营销，此时是改变价格形象和质量形象的好时机。

战略目标是争取最大市场份额，并坚持到成熟期的到来。

成长期的主要的战略路径是市场营销，改善价格形象和质量形象。

三、成熟期

成熟期开始的标志是竞争者之间出现挑衅性的价格竞争。市场需求趋向饱和，潜在的顾客已经很少，销售额增长缓慢直至转而下降，标志着产品进入了成熟期。在这一阶段，竞争逐渐加剧，产品售价降低，促销费用增加，企业利润下降。

对成熟期的产品，宜采取主动出击的策略，包括发现产品的新用途、寻求新的用户、改变推销方式，包括降价、提高促销水平、扩展分销渠道或提高服务质量等，使成熟期延长，或使产品生命周期出现再循环。

成熟期特点：

成熟期的经营风险进一步降低，达到中等水平。

- 产品：逐步标准化，差异小，技术与质量改进缓慢。
- 用户：新客户减少，依赖老用户重复购买。
- 竞争对手：挑衅性的价格竞争，数量稳中有降。
- 市场规模：巨大，比较稳定，但基本饱和，局部产能过剩。
- 产品价格：开始下降。
- 生产成本：下降。
- 产品利润：毛利与净利均下降，利润空间适中。

成熟期营销策略是提高效率，降低成本。

战略目标是巩固市场份额的同时提高投资报酬率。

主要的战略路径是提高效率，降低成本。

四、衰退期

随着科学技术的发展，新产品或新的代用品出现，将使顾客的消费习惯发生改变，转向其他产品，从而使原来产品的销售额和利润额迅速下降。于是，产品进入了衰退期。

企业从这种产品中获得的利润很低甚至为零；大量的竞争者退出市场；消费者的消费习惯已发生改变等。

面对处于衰退期的产品，企业需要进行认真的研究分析，决定采取什么策略，在什么时间退出市场。通常有以下几种策略可供选择：

（1）继续策略：继续沿用过去的策略，仍按照原来的细分市场，使用相同的分销渠道、定价及促销方式，直到这种产品完全退出市场为止。

（2）集中策略：把企业能力和资源集中在最有利的细分市场和分销渠道上，从中获取利润。这样有利于缩短产品退出市场的时间，同时又能为企业创造更多的利润。

（3）收缩策略：抛弃无希望的顾客群体，大幅度降低促销水平，尽量减少促销费用，以增加利润。这样可能导致产品在市场上的衰退加速，但也能从忠实于这种产品的顾客中得到利润。

（4）放弃策略：对于衰退比较迅速的产品，应该当机立断，放弃经营。可以采取完全放弃的形式，如把产品完全转移出去或立即停止生产；也可采取逐步放弃的方式，使其所占用的资源逐步转向其他的产品。

衰退期特点：

经营风险会进一步降低，主要的悬念是什么时候产品将完全退出市场。

- 产品：差别小，价格差异也小，质量可能会出现问题。
- 用户：对性价比要求很高。
- 竞争对手：有些竞争者先于产品退出市场。
- 市场规模：产能严重过剩。
- 产品价格：很低。
- 生产成本：下降。
- 产品利润：毛利很低，多数企业退出后价格才有望上扬。

衰退期营销策略是控制成本，以求能维持正的现金流量。

战略目标首先是防御，获取最后的现金流。

战略途径是控制成本，以求能维持正的现金流量。

生命周期理论专注于特定业务或单元，沿着时间发展轴线展示不同阶段的特性与策略。在对多个业务或单元进行定位分析（例如，在特定时间点进行多业务切片）时，我们通常采用矩阵形式进行分析，其中，之前多次提及的 BCG 矩阵便是一个典型的例子。

这一理论涵盖了四种类型：明星、现金牛、问题和瘦狗产品，分别对应着发展策略、保持策略、选择与收割策略以及放弃策略。深入研究可以发现，这些类型与产品的生命周期有着紧密的联系。这四类产品类型实际上反映了一个产品的生命周期过程。每个成功的产品都会经历以下四个步骤：问题产品——在开发阶段面临的不确定性，可能发展成为明星产品，也可能沦为瘦狗产品；明星产品——一旦成为明星产品，企业将增加投入，寄予厚望，提供所需的人力和资金支持；现金牛产品——明星产品的顶峰便是现金牛产品，开始为企业带来可观的资金流；瘦狗产品——当产品进入衰退期，即成为瘦狗产品时，应当被淘汰。

当然如前所述 BCG 矩阵因为简单实用而流行甚广，同时也因其仅使用一个维度进行分析而受到很多批评，该矩阵没有考虑到诸如产品质量、品牌、技术壁垒等对于产品发展的影响。因此波士顿矩阵的评价结果存在不准确性，而 GE 矩阵相比波士顿矩阵更加复杂，实现了维度的多样性，能够综合全面考虑市场上的各种变化因素，更加精准。

在某种意义上，GE 矩阵是 BCG 矩阵的一个很好替代品，其优点是所使用的两个变量由多个因素组合而成。然而，量化品牌资产和行业结构等因素并将它们组合成一个可以绘制在九宫格矩阵上的单一数字是一项挑战。

由此更加推荐使用 SPAN 工具（strategy positioning analysis）的战略定位分析矩阵进行评估分析，SPAN 从细分市场吸引力（纵坐标）和公司竞争力（横坐标）出发对各个细分市场进行深入分析，为公司选定细分市场并在此基础上进行产品规划提供决策依据，可以用于衡量产品、产品线、细分市场、销售渠道等。

该矩阵介于波士顿和 GE 矩阵之间，是 GE 矩阵的简化版，BCG 的升级版，应用 GE 矩阵的组合关键因素作为评价维度，采用 BCG 矩阵的四象限坐标呈现结果，操作更加灵活有效。

细分市场吸引力主要从市场规模、市场增长率、利润潜力和细分市场的战略价值四个维度来评价。比如市场规模反映的是细分市场的收入机会有多大；市场增长率反映的是细分市场在未来三年的销售额或者销售量年增长率。

而细分市场的利润潜力主要受竞争激烈程度的影响，可以借助波特五力竞争模型分析框架。战略价值反映了这一细分市场对公司的战略价值/重要性。对于以上每个评价要素，根据一定规则进行量化评价（每个企业可以根据行业特点确定评价规则），甚至可以使用单一变量进行适配本组织的简化。

接下来，还要在这些细分市场上有一定的竞争地位、竞争优势。公司在细分市场上的地位主要来自产品差异化能力、成本优势、资本优势等，对于某些行业，可能还存在垄断性权利。可以用"客户关键成功要素"对每个细分市场进行衡量。当然，还可以在选定的细分市场的基础上，为产品规划提供依据。进一步，你需要根据每个细分市场在 SPAN 矩阵上的位置，来采取不同的行动措施或者说行动策略。

采取行动的时候，你需要考虑的主要因素一般包括：分销、成本控制、生产、研发、市场份额、产品、定价、促销、人力、运营资本。

举例，定位在第一象限细分市场，可以继续保持增长和追加投资。处在这一态势下的细分市场通常是赢利的。这些细分市场不仅具备吸引力，而且你还有很强的竞争优势。

在这个市场，可以采取的行动策略是：作为企业的话，应该扩大你的分销渠道，扩大在该市场的生产和投资。同时，也要严格控制成本，以更好地获取规模增长带来的收益。

以硬件产品为例，在这个阶段，你的成本就已经决定最终收益。而在研发方面，也应当继续进行投资，并适当增加一些品类，以建立差异化的竞争地位。当然，营销方面的工作也需要加强，即价格、促销、销售活动等。

如果位于第二象限位置，在这个细分市场，需要考虑的是如何获取更多的竞争优势。如果处于这一态势下的细分市场中，通常还未获得盈利。

这个细分市场虽然有足够强的吸引力，但是在这个市场的竞争优势一般是比较弱的。这时需要去匹配资源。就像你想攀爬一座很陡峭的高山，虽然这个目标很有吸引力，但你并没有攀爬的技能，这时就需要请专业的教练来学习了。

在这个市场，可以采取的行动策略是：在具备足够的竞争地位之前，应当限制分销覆盖面，同时严格控制成本。这时成本是综合的，不仅包括 BOM 成本，还包括营销推广成本等内容。

这时你在这个细分市场上的主要行动是对生产、研发和人力进行投资，目的是建立起竞争优势。在市场方面也需要采取积极的措施，包括定价和促销，以获得市场份额。

第三象限位置，可能需要考虑退出市场了。处在这一态势下的细分市场几乎是亏损的，这个细分市场不但没有吸引力，而且你也几乎没有什么竞争优势。

在这个市场，可以采取的行动策略是：应当逐渐减少销售的努力，大力削减这个细分市场上的固定成本和可变成本。也就是说，你应当尽量减少或者停止产能、研发费用、营销活动和运营资本。将资源分配到其他细分市场中，公司的主要目的是从这个细分市场中实现利润机会，市场份额可能是次要的。

第四象限的位置，你基本就属于老手了。处在这一态势下的细分市场通常来说还是继续在盈利，但这个细分市场已经没有吸引力了，后续发展也很乏力。优点是在这个市场的竞争力非常强势。

在这个市场，可以采取的行动策略是：你应当维持现有的分销模式。这个细分市场已经非常成熟，基本就是在拼效率。你需要提高你的运作效率，包括充分发挥产能以及控制成本。

在这个细分市场上应当限制营销活动，研发活动也应重点关注降低成本。这些活动的目的在于能使公司巩固其在细分市场上的竞争地位，并且防止竞争对手进入这个细分市场。

在使用 SPAN 矩阵模型时，有一点非常好，就是企业在设定纵向、横向坐标及具体指标时可以做组织的适配，比如细分市场吸引力维度，可以从市场规模、市场增长率、利润潜力和细分市场的战略价值等四个维度来评价，也可以在特定阶段选配一个单一维度来衡量，横坐标也一样，验证有效即可在一定时期内保持模型的相对稳定，并不需要刻板地完全遵循复杂的理论要求。

当然这种"弹性"反而对组织的能力有所要求，但万物在于大浪淘沙，这就是一个企业组织在激烈的市场竞争中去伪存真的过程，体现了组织的适应性和竞争性，当然也体现战略 BP 的价值。

第五节　战略 BP 如何真正发挥价值

战略 BP 要想发挥价值，必须从服务方的合作中找出配合点，进行补位，完成对需求（包含上级及 BP 业务方的需求）的满足，由此我提出了"战略 BP3+3 双层价值实现模型"。

第一层三个因素，包含集团及 BP 业务方需求带来的确定性目标、基于 BP 业务方目标驱动及业务带头人（或团队）素质特点下的需求、战略 BP 的能力；

第二层三个因素，即为距离感三因素，包含推力（即组织赋予的目标）、链接力（即中间杠杆，业务 BP 方诉诸组织的反向需求）、拉力（即引领，超越目标的需求满足）。

第一层为模型大框架，决定了问题解决因素的构成，目标是最基本设定，需求超越目标，实现价值创造，形成信任，而最终实现目标与满足需求，需要靠能力，第二层为运行大框架的平衡器，决定了问题解决的效率。

同时我们发现两个层面除了"发挥价值与平衡器"即"结构与效率"的关系外，各个因素间也直接相关，比如第一层的目标范畴包含了第二层"推力"所包含的目标，同时它又涵盖 BP 业务方自身的目标；再比如两个层面的需求是不同维度的表述，当然第二层的"拉力"中的需求更具有不确定性和想象力。而无论是"目标的实现"还是"需求的满足"，底层的核心便是"能力"。

前文已描述战略 BP 的核心能力主要为分析与逻辑能力、沟通协调能力、快速学习能力、发现与解决问题能力、用户导向、需求洞察能力、基本办公及专业工具使用能力、领导力。

本章锚定上述能力，并进行能力发展阶段描述，一方面让我们了解战略 BP 的能力项；另一方面关注战略 BP 在实践过程中，关键能力的进阶路径（基本设定五级层次）。同时在某些综合性能力要求方面，我们做了一定的解析，用拆解后的某一维度自能力作为进阶路径的案例作为参考。

一、分析与逻辑能力

分析与逻辑能力是人类思维与分析的重要组成部分，在我们的日常生活中发挥着重要的作用，其核心是通过对问题进行细致、深入分析和研究，理性、合理地对待问题，运用逻辑规律进行思考和推理的能力。

这项能力不仅能够帮助我们更好地理解问题，还能够帮助我们解决问题，做出正确的决策。在处理工作任务时，我们需要利用逻辑思维去分析和解决问题，并做出明智的决策。

具备良好的分析能力可以帮助我们更好地理清问题的本质，快速找出问题的根源，并提出有效的解决方案。逻辑清晰、分析到位的工作方式不仅能够提高工作效率，还能够增强团队合作能力，从而在职场中获得更多的机会和发展。

这项能力内涵包含两个方面：一方面是偏分析，人在思维中把客观对象的整体分解为若干部分进行研究、认识的技能和本领，简而言之是事物的解构能力；另一方面是偏逻辑，指正确、合理思考的能力，即对事物进行观察、比较、分析、综合、抽象、概括、判断、推理的能力，采用科学的逻辑方法，准确而有条理地表达自己思维过程的能力，简而言之是部件重组，符合客观规律，容易认识，易于理解，便于解决。

其概念涵盖丰富，旨在分析侧，从不同维度即可归结成不同范畴的能力项。这里我们以战略 BP 一个基础工作（运营数据分析）作为子项来观察这项能力在不同层级进阶的要求。

第一层：需要了解产品或服务运营过程中涉及的核心数据及指标的含义，能对运营数据进行基础的分析并给出报告。

第二层：深刻理解运营数据及指标的作用、内涵和外延，能够独立完成数据的基础分析并给出有价值的报告，同时能够对数据进行挖掘，找到非正常的原因或者不容易识别的规律。

第三层：熟练掌握数据统计工作原理及分析方法，并能根据不同的目的、选择数据不同的维度、使用合适的方法及其组合，对数据进行综合的数据挖掘，找出内在的隐性规律并给出有价值的分析建议报告。

第四层：能够结合数据分析工作要求，独立规划和设定新的运营数据，通过建立有效的数据采集的方式和方法，并给出影响管理决策的分析报告，获得合作业务管理人员的认可。

第五层：能够结合数据分析理论和公司的业务特点，总结过往成功实践，形成公司系统化的数据分析模型并使之信息化，大大提升了公司在数据分析方面的效率和质量，获得相关负责人的好评。

而在逻辑思维能力方面，描述则偏宏观，具体要求如下：

第一层：逻辑思维能力相对较弱，需要一定周期的训练。这时候在面对问题时常常缺乏较为全面的思考，容易陷入片面的观点和情绪化的思维。他们往往无法准确地辨别事实和观点之间的逻辑关系，容易在推理中出现漏洞。

此外，初级级别的人们在分析问题时常常缺乏条理性，思维过于碎片化，难以形成系统化的思维框架。

第二层：指逻辑思维能力较为一般的人群。在这一层次面对问题时能够进行一定程度的分析和推理，但还存在一些局限性。他们常常只能从表面现象出发，缺乏深入思考问题的能力。此外，此层级人们在逻辑推理中常常容易受到个人情感和主观意识的影响，难以客观地评估问题。

第三层：指逻辑思维能力较强的人群。这些人在面对问题时能够进行较为全面和深入的分析，能够辨别事实和观点之间的逻辑关系，并能够做出合理的判断。他们的思维具有较强的条理性和系统性，能够形成清晰的思维框架。此外，该层级的人们在逻辑推理中能够避免个人情感和主观意识的干扰，能够客观地评估问题。

第四层：指逻辑思维能力非常出色的人群。这些人在面对问题时能够进行非常深入的分析，能够从多个角度全面地思考问题，并能够准确地辨别事实和观点之间的逻辑关系。

他们的思维具有高度的条理性和系统性，能够形成复杂且完整的思维框架。此外，此层级的人们在逻辑推理中几乎不受个人情感和主观意识的干扰，能够客观地评估问题。

第五层：指逻辑思维能力达到专家水平的人群。这些人在面对问题时能够进行极其深入的分析，能够从多个角度全面地思考问题，并能够准确地辨别事实和观点之间的逻辑关系。

他们的思维具有极高的条理性和系统性，能够形成极其复杂且完整的思维框架。此外，此级别的人们在逻辑推理中几乎不受个人情感和主观意识的干扰，能够客观地评估问题，并能够提出创新性的解决方案。

培养逻辑思维和问题分析能力的方法也有很多，我们也摘取几点作为参考：

（1）阅读与思考：通过大量阅读和深入思考，可以拓宽自己的知识面，培养对各种问题的理解和分析能力，尤其是阅读相关领域的经典著作和哲学思考，可以培养出更深层次的逻辑思维。

（2）学习逻辑学：逻辑学是研究逻辑与推理规律的学科，通过学习逻辑学的基本知识，能够掌握逻辑思维的规则和方法，从而提高自己的逻辑思维能力。

（3）积极思辨：在面对问题时，不断提问、探索和质疑，培养积极的思辨能力。这样可以帮助我们更好地理解问题，并找到解决问题的有效路径。

（4）练习逻辑推理：进行逻辑推理的练习，通过推理、演绎和归纳等方法进行大量实践，提高自己的逻辑思维能力。

二、沟通协调能力

沟通协调能力可以被定义为一个人有效地交流、协调和处理关系问题的能力。它囊括了多种元素，包括口头和书面表达、倾听能力、理解他人观点的能力以及能够在涉及多方利益的情况下达成一致的协商能力。拥有这种能力的人能够有效地表达自己的思想、感受和需求，并且可以与他人合作，达成相互满意的解决方案。

1. 沟通协调能力对个人和组织都非常重要

在组织中，良好的沟通协调能力可以帮助团队成员之间更加协调，减少误解和冲突，提高工作效率。在一个成果导向的组织中，每个人都面临着各种不同的问题和挑战，所以如果能够良好地沟通、协调和处理关系问题，就可以更好地应对这些挑战。此外，沟通协调能力还可以提高领导力和管理能力，帮助人们更好地管理团队和管理项目。在个人层面上，沟通协调能力也是很重要的，拥有这种能力的人可以更好地理解他人的需求和观点，并且在不同情境下有效地表达自己的意见和看法。他们可以更容易地建立人际关系，接受并理解他人的观点，从而出现更多的机会。

第一层：有主动沟通意愿，但沟通技巧和理解能力不足；能够主动跟对方沟通，完成一般的目标单一、内容简单的沟通任务。

第二层：良好的主动沟通意识，能够准确理解和被理解。具有良好的沟通意愿，多数情况下都能够有效倾听和理解对方。能准确无误、简练地表达自己的观点，能够进行简单的协调。能够主动跟产品团队内成员进行有效沟通，确保产品目标的顺利达成。

第三层：主动沟通协调，有效开展工作。总能准确无误、逻辑清晰、简练地表达自己的观点，准确地领悟对方观点，并能引导对方沿着自己的思路展开交流，挖掘客户的显性和隐性需求；当工作出现问题，总能积极地想方设法去寻求帮助，协调工作群体中的其他成员共同解决问题，使工作正常进行。

第四层：良好的沟通协调技巧，讲求方式方法。掌握并运用有效沟通的基本原则和技巧，如事前知会，事中沟通、协调，事后汇报，使得工作在团队或跨团队中协调进行，达成共同目标。能够因人而异，善于采取针对性沟通方式方法。经常能够通过有效沟通和协调解决别人感到难以解决的问题，沟通能力得到周围同事普遍认可。

第五层：惠己及人，重大事件和问题有效沟通和协调。与团队分享有效沟通和协调的经验和方法，带动团队沟通协调能力提升。能够跟上级及投资人进行有效沟通，通过有效的客户价值来传达产品的理念，协调各方资源，从而确保产品想法的实现；对于突发或复杂问题，能够协调公司的稀缺资源，促成有力的解决方案。

2. 沟通协调能力是可以学习和发展的

这些能力还需要在实践中不断地锻炼和完善。

（1）提高口头和书面表达能力：提高口头和书面表达能力是沟通协调能力的最重要的一步。要有效沟通，需要在不同的讲话内容和环境下表达清晰和简单的信息，这包括用正确、准确的语言和语法表达，以便其他人了解并理解信息。同时，要理解其他人发言的意思，并给出合适和有用的反馈。

（2）培养倾听能力：倾听是沟通协调能力的核心。倾听是指认真听取他人发言，并试图理解和记住内容，以便对他们提供有效反馈。要成为一个好的倾听者，需要将注意力集中在讲话者的身上，避免干扰因素，以及展示积极并与讲话者建立联系。

（3）建立双向沟通：一个有效的沟通者不仅要善于表达自己的想法和要求，同时还要试图理解其他人并帮助他们达成共同目标。这意味着要学习如何与人（特别是那些意见不同的人）建立双向沟通，以便在涉及共同目标时达成一致。

（4）建立合作精神：建立合作精神是试图在组织之间建立合作而不是竞争。这意味着探索和促进团队合作，以解决共同问题，并致力于这些解决方案的实现和提高。

总之，沟通协调能力在现代社会中非常重要，可以帮助个人在职业和社会生活中更加成功。在提高这些技能方面，需要投入大量的时间和工作，但优秀的沟通和协调技能可以在工作和其他方面产生积极的影响。建立良好沟通和协调技能的经验是掌握这些技能的唯一方式。

三、快速学习能力

快速学习能力，一般指熟练掌握一个领域的核心方法论，能够在短期内快速切入一个全新领域，并且能在不同环境中灵活运用。对于战略 BP 来说，这是必备能力之一。

作为业务辅助角色，要求发挥重要的作用往往要在短期内去切入一个全新的领域，熟练掌握一个领域的核心方法论，推动业务探索和突破。不管是基于业务的新市场切入，还是基于个人的新 BP 手段运用，快速切入一个领域掌握核心模型都是战略 BP 非常必要的一个能力。

1. 快速学习的核心

首先理解快速学习的本质：快速学习的目的是有效而不是完美。快速学习是帮助你快速理解一个领域的本质和核心模型以解决你当下最主要的问题（追求有效，点到即止，解决问题），掌握在这个领域起到 80% 作用的那 20% 的知识，而不是去纠结只起到 20% 作用的那 80% "细枝末节"的内容（追求完美，精益求精，行业顶尖）。

在以上定义的基础上，快速学习有两个层面的含义：①代表着最短时间掌握一个领域核心方法论的学习技巧；②代表着长期持续的一种追求广度而非深度的学习方法，构建知识体系，具体点可随时拓展深化。

第一层：有学习愿望，能够在指导或者要求下进行学习。能够通过示范式、教练式学习或者指定的学习资源掌握做好自身岗位工作所需要的知识、技能、工具和信息等。

第二层：积极的学习愿望，主动学习，保持专业知识技能的更新。能够自学或主动向他人学习本业务领域内的知识、技能。了解专业领域的最新发展情况并努力在工作中运用，创造符合岗位要求的绩效。

第三层：主动学习本业务领域知识，能够融会贯通，积极共享。积极寻求和创造学习机会，善用学习资源，超越岗位需求，学习自身业务领域以及相关业务领域的知识，具有能够运用所学知识举一反三，能够与团队成员交流和分享相关知识、经验，创造良好绩效。

第四层：超越岗位工作需求，学习本业务及相关业务领域知识，利用团队外的知识提高团队业务知识、技能。能够充当起团体外的知识资源协调者的角色，充分利用团队外的知识资源提升自身业务知识、技能。通过知识共享帮助团队其他成员提高，能使团队的业务水平居于公司其他团队业务水平之上，并有一定的成果体现。

第五层：自度度人，影响团队向学习型团队转变，并成为同行标杆。能够带动团队其他成员主动学习，营造团队学习氛围，使学习成为团队的一种习惯。成为自身业务领域权威，并通晓一定相关业务领域知识，带动团队的业务水平居于组织相同团队前列，成为标杆。

2. 如何短时间内掌握一个领域的核心方法

当时间和效率要求我们需要快速去研究透彻一个领域或者一个庞大的知识体系，学习效率是最需要考虑的因素，如何快速地抓住核心不受多余信息干扰？我们尝试列举几个关键方法和能力。

基于问题的信息检索能力提升：基于互联网行业的发展，任何一个有上网条件的人都具备了基于全人类知识库检索信息以帮助解决问题的能力。打开百度输入问题的过程极大替代了以往成本极高的翻找书籍咨询专家的过程，你可以咨询和查找的信息量级接近无限大。但也正因为这份无限大，海量的"噪声"信息充满了你的电脑屏幕，有价值的正确的知识被埋得越来越深。

在这样的一个背景下，有人定义了"搜商"这种全新的、并行于智商和情商之外的能力（虽然还没有被广泛认可）。

什么是搜商？

搜商代表的是人们基于具体的问题，能够搜集有效信息的能力，有三个层面的定义：

（1）搜商代表人们运用搜索引擎的能力，能够把自己面对的模糊的问题有效地转化成为搜索关键词帮助自己找到有效的信息。

在探索图像处理技术的过程中，如果遇到需求，例如希望了解如何通过图像编辑软件调整人物腿部长度的方法，那么应当如何选择搜索关键词以获取相关信息？诸如"如何延长腿部图像""使用 Photoshop 软件延长腿部"或"图像编辑中延长腿部的工具"等关键词，哪一个更能帮助你找到所需的信息？同时，如何评估搜索引擎结果中哪些信息是有效的？

（2）搜商是指综合运用信息检索工具的能力，除了百度以外，面对具体的问题哪些专业论坛可以解答你的问题；哪些专家可能知道答案；哪些书籍可能存在有效的知识？问题的答案本身不明确的时候应当从哪里获取有效知识，你是否能够有效地解决这个问题？以及判断对应搜索工具中哪些是有效信息的能力。

（3）搜商指更广义的检索信息，整合资源以解决问题的能力，这个定义有点类似我们在解决问题部分的讨论，不做赘述。

如何提升自己的搜商？

搜商确实是一种习惯和能力，并不是一个方法，需要日常的练习和习惯养成。观察身边的人，搜商高的其实往往是一些内向不善交际的人，当遇到问题时候一般不好意思开口求助或者咨询，所以只能依靠自己去检索信息解决，大量这样的过程培养了他们以上三个层次的搜商能力。

而搜商不好的一些人是遇到任何问题都习惯开口求助和咨询他人的，喜欢得到现成的答案。虽然在某些场景下确实应该这样更直接地解决问题，但是如果习惯了这样的过程会让你丧失很多自我检索信息判断有效性和验证的机会，久而久之就会让你的搜商低下。当遇到无法直接得到解答的问题时候，这类人的解决问题能力就会被拉开差距。

所以，不管你是什么类型的人，"不要问能够百度到的问题"这个基本的职场技巧先记好，尽量多去自己检索信息解决问题，培养自己的搜商，将会成为你快速解决问题的核心能力部分。

基于问题的信息检索速读能力提升：基于具体问题的信息检索之后，需要进一步结合速读的能力帮助你从大量的文章、书籍等内容中提炼出关键有效的信息以帮助达成短时间掌握一个领域核心知识的目的。

什么是速读能力？

速读能力的基础来自中学时候语文课大家做过的大量阅读理解功课，在那个时候也许我们只是抱着应对考试的目的在锻炼一种正确提炼中心思想的能力。但是基于快速理解核心知识的实际运用目的，阅读理解教会我们最重要的是两种能力：

理解一篇文章的结构模式：序言阐述背景→案例建立基础理解→分析部分进行案例拆解→核心结论部分。

所以能够掌握主要的文章结构模式就能够快速定位文章的核心内容大概会出现在什么位置，你也就知道核心结论部分是你真正需要掌握的而其他部分的内容仅是补充。当然文章的主要结构还有很多种模式，一些专门进行方法论和理论阐述的文章也会把核心结论提炼到头部便于阅读，如果对文章基本结构还不太熟练可以适当回顾一些当年学习的阅读理解方法。

正确理解文章的主要观点：为什么阅读理解的题目能够难住这么多考生，正是因为受制于作者的写作能力和目的，并不是所有文章都能够清晰准确地把核心结论和观点呈现出来，甚至有一些还刻意地进行艺术加工用更模糊的手段来传递。所以能够有效和正确剥离核心结论以及观点的能力也决定了速度能力的有效性。

如何提升提炼中心思想的能力，没有太多捷径，方法中学语文老师也教过你了：多看，然后尝试写下来一篇文章的核心观点。

快速寻找有效的信息其实并不难，非艺术作品类的大部分文章有效信息都是明确直观的，掌握速读能力并不难，也无须专门去学习复杂的方法论，只有一个最简单的方法，以一本书或文章为例：

先看目录／标题匹配信息范围，略过各种案例、推导和背景，然后找到核心总结段落，如果在核心内容后有图形化展示的内容，进行有限浏览并加深核心内容理解；如果对核心内容存疑或者理解有偏差可以优先回顾内容：即案例→推导→背景。

结合检索和快速理解的能力，你就能够具备基于任何具体问题的快速学习能力，通过即刻地实践并发掘问题，就是我们需要掌握的第一种快速学习能力。但这样的快速学习能力一般只能解决实践过程中的单点的问题，掌握的是具体领域部分的核心方法论。

当我们面对一些更加复杂的场景（要解决更加复杂的问题，要快速接收一个全新领域的工作，要应对陌生课程的考试），我们需要依赖快速学习能力，帮助我们去掌握一个领域更加完整的核心知识以应对未来会面对的各种具体问题，能够将领域内的各种知识提炼、归纳形成知识体系的意识和能力就是我们所需要的。

那么如何进行知识体系搭建：在跨界思维部分介绍过一个有意思的现象，对那些花很少力气学习但是成绩很好的"学霸"，进行分析得出的共性结论在于，这些"学霸"有一种构建知识体系的习惯，能够不断把一个领域学到的知识提炼出核心，构建成完整的知识体系，以对这个领域形成全面的理解，并且从更本质的角度去解决一个领域的具体问题。

这个就是为什么构建知识体系是真正的快速学习能力的内核。构建知识体系更多是一种习惯，并不是复杂的方法论或者能力，只需要你在一个连续的学习过程中不断地有意识做以下的事情：

（1）当着手了解一个全新领域的时候，第一时间是画出当下你所理解的这个领域的知识体系框架。

例如你希望学习如何投资股票，应该画出的是一张罗列出股票市场运作原理、影响股票行情的信息来源、判断一个股票基本情况的框架、通过什么操作工具接入股票市场的逻辑图。这张逻辑图体现了你如何通过信息搜集和股票基本信息的判断做出投资决策；然后如何通过操作工具进入市场和通过运作原理实现盈利的逻辑。这个阶段对于领域的知识体系理解往往并不全面甚至错误，但是从一个框架的梳理开始能帮助你找到具体的着手点以及从一开始就带着构建框架的意识去寻找核心知识。

（2）基于一个初始的知识体系框架，你就可以开始着手去填充体系内的关键信息，把每一个信息的填充当作一个具体的问题去处理，利用前一个快速学习的模式去快速有效地找到这个部分的关键知识。在逐步理解这些关键知识的过程中，你的体系应该也在不断地完善和优化。

（3）填空—修正—填空的反复过程。

（4）经历完以上的过程后，你会掌握一份完整的经过填充的具体领域知识体系，但这份知识体系到目前为止只是简单填充的结果，代表着你对这个领域的理解还是零散以及表面的。

（5）关键的步骤在于对这份知识体系的自我提炼以及重构。

重新审视这份知识体系，思考每一个关键知识之间的运作关系，问自己以下几个问题：

①驱动这个体系运作的最本质的内核知识是哪些（比如你要学习Photoshop工具，应该在这个过程中理解Photoshop的核心运作机制就是为不同的图层附加不同的效果叠加，之后形成整体效果）？

②它们之间的运作关系是什么？

③这个知识体系里面哪些不是核心的知识只是表面的结果（例如学习Photoshop你会学到滤镜知识，应该理解滤镜只是给一个图层增加其中一种的效果）？

通过这几个问题的思考，将知识体系进行回归本质的提炼和逻辑串联后，你就真正掌握了一个领域核心的知识体系。

（6）通过实操的问题来验证这个体系的有效性［实际上处理一张图片，看看对不同图层添加不同的效果（滤镜的使用作为一种举例）能否解决你的问题］，并不断完善。

坚持在每一个新领域学习的过程中执行以上过程，就能够帮助你逐步形成构建知识体系的习惯，这个习惯将会极大提升你的快速学习能力。

四、发现与解决问题能力

当问题发生时能够察觉问题并辨别问题，为解决问题有计划地去收集问题的相关信息，以发展、评估出适合问题的解决方案及计划，并能有效地执行，排除或降低问题对目标与组织的冲击与影响。

杨浩回忆起他初入职场的时期，在一次例行会议上，每个人都在汇报当天的工作重点和可能的项目风险。部门的负责人正好在会议室里，公开地听取他们的会议内容。突然，他向所有人提出了一个问题："你们知道这周的项目目标是什么吗？"当他提出这个问题时，大家都有些困惑，因为当时已经是周四，大家一周的工作即将结束。面对这样突如其来的提问，"你们这周的工作目标是什么？"杨浩和他的同事们毫不犹豫地、充满自信地给出了关于本周工作目标的答案。

但是，负责人微笑着打了一个比喻："你们现在有点像士兵在战场上奔跑，大家跑得好像很卖力很勇敢。但是，你们光顾着往前冲，却把武器（项目目标）都丢在后面了。"

除了强烈的画面感外，更让人深思的是：如果目标设定错误，那么所投入的所有时间都是徒劳的。没有人会同情你，因为你无法提供预期的结果。这看似残酷，但却非常真实。那么扪心自问，你是否曾经忘情地、肆意地"奔跑"过呢？在真正开始工作之前，需要确认目标，所谓目标就是你真正要解决的问题，执行过程中需要及时发现并修正问题，以确保最终结果能够交付。因此，发现问题的能力极为重要。

1. 培养提问能力

世间问题千千万，就像一个个布在地上的暗雷。如果司令要求你在规定时间内穿越雷区到达指定地点，你会怎么办？是勇敢地凭着大无畏的精神径直冲上去展示自己的勇猛吗？如果你这么做，恐怕只会听到一声声平地惊雷。在职场上，如果不带着思考去工作，只会被动地产生新的问题。聪明的人会花时间先把问题审视清楚，最终要解决的问题是穿越雷区还是在规定时间到达指定地点？

在职场中，培养提问能力是至关重要的，它是发现和解决问题的关键途径。我们不应忽视这一能力，因为许多成功的职场人士和经验丰富的教练都具备出色的提问技巧。他们能够通过少数几个问题迅速抓关键信息，理清思路，并指明方向。

更重要的是，他们引导你自己找到答案，这种方式既微妙又有效，仿佛春风拂面，令人惊叹不已。管理的核心在于激发员工的自我驱动力。如果你能通过直接的方式解决管理问题，那也显示出你的能力。提问不仅可以针对他人，也不要忘记向自己提问。深入探索内心的疑惑，了解自己。虽然这个过程可能有些困难，但一旦想通了，就会感到无比畅快。

2. 寻找解决方案的步骤

工欲善其事，必先利其器。确认好问题之后便开始踏上寻找解决方案的奇妙旅程，开启自己的执行力之前不妨先梳理自己的工作流程是否已经更新过了。不然自己再怎么努力可能最后的结果却不尽如人意。结合之前所学的"高级管理"的课程，整理了自己的方法论，下面跟大家具体探讨下：

（1）确认目标：把问题和目标进行转化，是个具象化的过程。目标用SMART 表示，具体代表如下：

● S 代表具体（specific），指个人行动或者组织绩效要切中特定的行为，要制定到动作上面，不能笼统；

● M 代表可量化（measurable），指个人行动或者组织绩效指标是可以进行量化的，验证这些目标达成效果的数据或者信息是可以获得的；

- A 代表可实现（attainable），指个人行动或者组织绩效指标在付出努力的情况下，是可以实现的，避免设立过高的目标无法实现，或过低的目标无须实现；

- R 代表相关性（relevant），指个人行动目标是与要实现的阶段目标关联的，而组织绩效指标是与组织工作目标相关联的；

- T 代表有时限（time-bound），指目标的实现是有时限的，需要注重完成行动目标的特定期限。这里只强调两点：第一明确对方对目标完成程度的确认和期望，最好是邮件的方式确认；第二明确时间点，明确交付的成果。

（2）建立思维框架：相信每个人都有自己解决问题的方式和思考的方式，建立思维框架的目的是让自己对信息和工作的处理更加有逻辑性且有轻重缓急。有了适合自己的思维框架能提高你的工作效率。然而，若缺乏逻辑思维，很可能将遭受领导的提醒。同时，也会感到自信心逐渐消减。因此，思维模式的选择应基于实际的工作需求，确保具备灵活性和可迭代性。切勿固守一种方法，认为一招即可应对所有情况。

（3）流程：目标和框架确定后，应逐步开展具体工作。此时不宜急躁，首先应详细列出分支任务，并规划起始点。若他人能协助分担资源，应积极分配任务。（此环节具有挑战性，因人们常不愿打扰他人或过度自信。）建议制定任务清单，按照计划有序工作，保持对当前任务的专注。

（4）控制：根据设定目标评估工作进度，与赞助者沟通，并动态调整后续工作计划。务必避免重复错误，确保项目结果符合预期目标。

（5）交付成果与总结汇报：简而言之，需在规定时间内高质量完成与目标一致的工作成果。总结并报告工作情况是重要环节！能够完成任务并进行有效汇报是高境界，仅会做不善于表达可能不利，而只说不做则难以持久。

职场进阶需要关注发现问题和解决问题两大核心能力。要成为一个优秀的管理者，必须同时具备发现问题的能力和解决问题的能力。

3. 发现问题的本质

发现问题与洞察力有关，是关于"看到的能力"。洞察力是指深入事物或问题，通过表面现象精确判断出背后本质的能力。经验尚浅的管理者往往很难看到管理工作中的本质，看不到本质就抓不住主要矛盾，解决问题的能力就会大打折扣。

刚从事管理工作的管理者通常都会掉进"盲、忙、茫"的怪圈。因为看不到问题的症结所在（盲），只能每天疲于奔命地去应对各种层出不穷的问题（忙），最后发现无论自己怎么忙都无法取得预期的效果，于是陷入了迷茫（茫）。导致管理者这种"盲、忙、茫"状态的根本原因，就是管理者洞察问题本质的能力不足。

管理就如医生治病救人。经验和理论知识欠缺的医生，因为看不到病灶在哪里，往往只能头疼医头脚疼医脚；而经验和理论知识丰富的医生则能准确找出病灶，对症下药，自然药到病除。在管理工作中，发现问题是解决问题的开始，只有洞察到了问题的本质，才有可能有效地解决问题。

4. 解决问题的策略

有时候，看到问题的本质甚至比解决问题还要困难。解决问题跟思维策略和行动力有关，是关于"做到的能力"。在发现问题的基础上，管理者需要制定有效的策略去解决问题。

解决问题的策略有很多，这里重点讲一个：解决问题的关键资源往往在外部，而不在问题的本身和内部。所以内部问题往往需要从外部寻找突破和解决方案，这就要求管理者要具备过人的智慧和格局。

当然我们回到主题，发现解决问题的能力可分为五个层次，可表述如下：

第一层：能大致辨认问题，并提出解决问题的初步方案。

第二层：能将问题清楚地描述出来，能从大量的信息中重新组织问题，过滤并整理出有利于解决问题的信息，进一步提出基于不同目标的解决方案。

第三层：能将问题结构化解析，梳理关键因素，并从问题到解决方案，形成一套清晰的问题解决的建议与方法，并推动落实。

第四层：积极主动地采取有效的实际行动，来解决问题。

第五层：能够累积问题解决的经验并能提升个人或组织的工作效率。

5. 如何培养发现问题和解决问题的能力

经常性地进行思考能够拓宽思维的广度与深度。当一个人独处时，更应该利用这段时间进行深入的思考。例如，在观看电视并接触到新鲜事物时，可以自问："为何会出现这种情况？"随着这种习惯的形成，个人的思维将逐渐变得开阔，同时能够发现的问题也会随之增多。

培养分析思维的能力对于提高问题发现的能力至关重要。个人应当注重发展分析性思维，例如，探究自然灾害发生的原因以及人类在面对自然灾害时可以采取的措施。

阅读书籍和报纸是逐步提升个人能力的有效途径。在空闲时间，通过阅读书籍和报纸，不仅可以从中发掘问题，还能够观察到自身能力的增强。通过对书中提出的问题进行思考，以及对报纸文章中的内容作出判断，可以逐步提高个人发现问题的能力。

善于观察细小事物，提高发现问题的能力。细小的事物，蕴含着大智慧，有可能在小事物中发现了大问题，这种能力是需要慢慢提高的。每一件物品都有它的用处，你是否发现了一些诀窍呢，试着进行思考分析。

规划好自己计划，善于查缺补漏。在制订计划这件事上，记得反复思考，说不定还能找出其他的问题，让人解决，并且还能进行更正，使自己的人生规划更加完善，逐步提高发现问题的能力。

转换思维思考，发现问题。转换角度，从对方的角度思考问题，这也是一种发现问题的途径。发现问题往往是在转换角度之后，一切的问题都有所改变，只有在思维方法改变之后，才会慢慢提高发现问题的能力。

善于总结并保持对事物的好奇心，提高发现问题的能力。好奇的人，创造的财富多，当自己解决完一个问题后，记得写一些经验总结，保持一定的好奇心，这也是一种提高发现问题能力的方法。

五、用户导向、需求洞察能力

在探讨"用户导向""以用户为中心""需求洞察"等众多概念时，其核心指向对用户需求的深刻理解与充分满足。然而，当我们深入关注这一能力时，便会发现其最为关键的要素在于"洞察"——一种能够穿透表象、触及本质，并超越常人认知的独特能力。

1. 需求洞察能力

需求洞察能力，可以分成两大部分内容，首先是需求理解，因为先洞察之前就要对需求做理解；这里要求战略 BP 要懂得在需求收集过程中，能理解用户提出需求的背景、动机、场景及痛点。其实有很多人在此环节遭遇困境，连用户反馈的需求都无法完整理解。一方面是基础认知不足，另一方面是没有完全站在用户角度或场景去理解反馈的信息。

第二就是需求分析，在对需求有了充分理解之后，就需要判断这些需求的本质、价值等。用户提出的需求也许会带有解决方案，但到底是不是需求，是否有其他方式可以解决，这些都可以去分析了解的。其次就是这些需求背后的动机、对项目的价值、投入成本等都是需要在转化为产品需求前进行初步的评估。

2. 理解需求的方法

不同的需求有不同的呈现方式，我们面对这些纷繁复杂的需求，首先需要学会"理解需求"。大家常说的"同理心"，其实更多的是要站在用户的立场去思考这个需求的背景和目的，甚至完全可以站在用户的角度，还原用户的使用场景，来完全领悟其中的意图。

其次在充分理解之后，能直击需求的本质，也就是我们常说的"洞察"，用户提的需求到底是不是需求，他们的反馈方案是不是就可以解决问题，是否还有其他的实现方式。

如同一则古老传说，当顾客期望提升其出行速率时，我们便提供"一匹马"。然而，是否"一辆车"才是更为合适的选择？在此基础之上，我们是否能进一步发掘出更多潜在的价值需求，并通过整合资源实现更为显著的升级？

以上的这些应用实践，都体现了战略 BP 的这一核心能力：需求洞察能力；而能否充分具备这样的能力，对后续的业务规划和执行都有较大影响，如果一开始需求发起就有问题，那么结果无论如何都是不理想的。

这里就要求从业者，能否充分理解需求，并能举一反三或者过滤干扰需求信息，找到本质需求。但其实很多人往往为了"偷懒"，或者认知缺失等，总是了解片面的信息，连完整的需求内容都没有梳理清楚；并且在判断过程中也只是像"蜻蜓点水"那样，没有深入去剖析内在本质，就急急忙忙策划上线。

我们以"用户需求理解 /80/20/ 细节（用户调研与需求理解）"为例，看进阶的五个层次能力。

第一层：熟悉并掌握收集用户需求的理论、方法和基本技巧，能够独立完成有明确目标的客户需求收集的任务。

第二层：能够准确识别客户需求，主动收集客户反馈，发现改进机会；能够在问题露出苗头之初就意识到对客户的影响；能系统设计产品服务方案。

第三层：借助科学的分析和对产品的直觉，能够在众多的需求中准确识别关键需求；充分理解客户体验的必要性，并能够合理控制节奏，通过对用户体验细节的捕捉，深入挖掘对产品有价值的隐性需求。

第四层：能够结合用户心理学从不同维度对客户需求进行识别和分析提炼，并体现在产品的差异化的特性中；能够系统性地引导客户需求的表达和表现，准确定位和传递客户需求信息。

第五层：能够结合客户现实需求，通过创新的产品特性创造或者引导客户需求的产生及延展，进而达到创造客户价值的目标；通过对产品细节的关注和精益求精，达到调动用户需求和确保忠诚度的目标。

3. 理解需求的关键要素

正如前面提到，对于需求的洞察，主要体现在理解需求，并从中挖掘真实需求。那么就需要在"理解"和"分析"这两方面进行提升，理解的重要性在于能设身处地掌握需求内容；而挖掘分析就是在理解基础上，对需求进行转化，产生有效产品需求的过程行为。

理解需求：学会理解需求，不是简单去听用户反馈的声音，而是需要在他们各自角色背景下，了解其特定行为、动机及场景，并能完整还原需求痛点。这里有几个关键词：

（1）来源：用户反馈需求的来源，很大程度反映了他们与产品之间联系的互动类型。如果是B端的产品，通过用户代表某些业务线，所以B端的用户角色具有较明显的业务特性。

（2）动机：每个需求都是有明显"利益诉求"的，也都是为了满足用户自身的某个需求。那么我们在收到这样的需求反馈后，就需要去揣摩对方的出发点，是什么原因让他们提出这样的需求，这些信息都是需要去获取了解的。

（3）场景：用户和动机往往折射出需求的对应场景，而这里的场景是指用户提出的需求是在什么"情景"下触发的，了解这方面的信息，更好地帮助我们，在需求分析时，还原用户的真实场景去了解真实需求，加大理解效果。

（4）痛点：每个需求的背后其实都代表了一个用户痛点，在沟通时可以了解用户对这个需求的正反情绪。很多时候用户提出的需求更像是解决方案，想让你来满足；这时候确实看起来是解决了问题，但有些是短暂的。实质也只是用户按照自身的想法去考虑，因此作为产品具备的信息全面性要更强些，这时候其实是可以提出更多有价值的建议；所以业务产品更需要去关注用户的问题所在点，做到真正的"对症下药"。

（5）现状：用户提出需求大多数是现状不满足的，那么这里很重要的就是需要明确当前现状是怎么回事，解决方案是什么样的，为什么无法满足用户需求，而这些信息也是对输出新方案做一个有效对比。

对于一个需求，需要从各个方面去补齐相关需求信息，只有这样才能真正"吃透"需求，而在分析时就不会因为关键信息缺失，导致无法做出客观的结论。我们可以通过借鉴"STAR 法则，即 situation（情景，描述在所从事岗位期间曾经做过的某件重要的且可以当作考评标准的事件的所发生的背景状况）、task（任务，描述在其背景环境中所执行的任务与角色）、action（行动，描述在其所叙述的任务当中所担任的角色是如何操作与执行任务的）和 result（结果，描述该项任务在行动后所达到的效果）四个英文单词的首字母组合），对需求理解是十分有帮助的。

4. 分析需求的要点

在分析需求方面，既然已经充分理解需求，那么这时就需要掌握如何拆解需求，并找到本质需求。大家都说"洞察"，所谓的洞察就是能够在理解的基础上，很好地判断哪些是干扰信息、哪些是关键信息，以及这些需求"表面"背后的真实需求；并且能站在这个点上有更高的全局观去延伸需求的价值点，去服务更广大的用户群体。

（1）价值性：在分析需求的时候，其实自身是带有明显"利益"诉求的，虽然我们是服务用户，并尽可能满足用户，但是评估需求的前提需要明确价值点，就是这样的需求是否能够对产品项目或其他用户群体带来相应的正面效益，同时还需要明确这些"价值点"应该如何去衡量，其标准又是如何建立的？如果无法去建立基准，就说明在未来的效果追踪是不可控的。

（2）规模性：通常面对一个用户提出的需求，在理解清楚需求内容后，并不是马上就放进产品需求清单进行排期上线，而是需要去做前期的调研，去印证是否有同样需求的用户群体。无论是 B 端还是 C 端，我们都无法仅为一名用户服务，这样只会沦为定制化产品，所以我们需要找到同类型的用户群体，从数据层面观察或用户访谈其是否有相似需求的潜在可能性。通过这样的"群体性"挖掘，才能知道这样的需求其影响面有多大；当然也有些需求属于创新性，无法评估潜在规模，这种就只能小范围上线不断迭代继而明确路径方向。

（3）重要性：所有的需求在经过分析之后，都是需要判断优先级的，什么是紧急又重要，哪些又是不紧急但重要的。在这里借助常用的"四象限法则（即时间管理理论，把要做的事情按照紧急、不紧急、重要、不重要的排列组合分成四个象限，这四个象限的划分有利于我们对时间进行深刻的认识及有效的管理）"是常例操作，但这也只是面对常规需求。本质上需求是复杂的，带有潜在"利益性"并相互博弈，比如领导需求和项目需求冲突，业务需求和产品需求冲突，到底哪个优先、哪个延迟，这些都是需要综合考量，得出一个合理符合现阶段产品规划的判断。

（4）数据性：大多数需求，都可以从"数据"层面找到一定的佐证依据（前提数据准备充足），比如当用户提出某个需求痛点，可以通过数据去印证在这个场景下发生的用户数量有多大，他们普遍的行为特征是否比较接近。

又比如在某些特定场景下，用户集中在某些服务模块（停留时长、人数有明显高峰等），或者是明显漏斗转化较低的，那么就要知道这个地方发生的问题所在。

5. 需求洞察的实践技巧

基于以上的判断，那么就可以输出相应初步的结论，这时候的业务需求是经过了分析及充分评估，并且有大概方案支持的需求内容——那么这时才算是真正的需求。

当然，我们实践过程中还需要以下一些技巧：

（1）平衡：如果是面向 B 端业务，那么所有业务线对自己的需求都是关注且紧迫的。这时候就需要学会平衡每个业务的需求，不能被业务完全牵着走，这样对产品规划会有极大影响。那么每当这个时候，就需要一起沟通多个业务，来集中评估各方的诉求，宣导团队的资源是有限的；让业务之间来取舍他们之间的优先级，这就是让"决策"转移到业务自身上。

（2）替代：任何的产品解决方案都是有备选方案的，那么在当前无法尽快满足用户的前提下可以优先采用临时方案，先满足用户核心需求，把其他延伸需求先去掉，待到条件成熟再上线完整需求。而这就是采用"替代"的方式，一定程度上去满足用户需求，这对挽留用户、提升用户口碑有极大帮助。

（3）延迟：前面提到用户对他们自身的需求都关注比较强烈，受限当前的规划和条件，确实无法尽快满足，但用户是不会理解的。那么如何去"安抚"用户情绪，把负面情绪尽可能降到最低？这就靠一个"拖"字诀，可以先给对方的一个明确信号：我们会做，但是由于一些原因，需要稍微往后一些才能支持，那么这个往后的时间就可以相对灵活可变，在这里也主要是安抚用户的情绪为主。

6. "洞察"的个人表现与警示

在"理解"与"分析"后，其实我们基本上完成了"洞察"的大部分工作，这里的"大部分工作"指的是流程性的、标准化的，得出基本结论的步骤，但"洞察"本身充满了在"集体主义"知识沉淀基础上的"个人表现"。

以咨询公司为例，"集体主义"体现了组织知识沉淀对从业者的支持力度和效率，而"个人表现"则是在此基础上的观点概括和经验积累，组织与组织的区别，从业者与从业者的区别在这点上逐渐显示出了不同之处——甚至有时候这里比的是天赋，即使退而求其次，也是素质层面的，这就很难用具象化的语言来描述，但我们也可以用一些案例和提示来对一些"陷阱"进行警示。

案例 1

我们在做用户洞察时，尤其要注意那些与现有认知／常识相悖（似是而非，似非而是）的发现，排除极端个例和数据错误的情况，往往会有惊喜。作者加里·克莱因在《洞察力的秘密》一书就记载了一个经典案例：霍乱病在最开始业界普遍认为是由恶劣的空气传播造成的，直到一个叫斯诺的人发现了一系列的相反的证据。他发现，就算都在呼吸恶劣的空气，有的人患上了霍乱，但有的人却安然无恙。斯诺进一步研究，最终发现霍乱的致病源是被污染的水源。

案例 2

我们很多的用户洞察研究项目止步于战术层面到不了应用层面，于是一些业务／需求方提出了所谓的"用户研究无用论"。为了避免这种情况，一方面在需求沟通时双方要达成一致，明确最后的用户洞察产出在哪一个层面，管理好预期；另一方面，做用户洞察时要努力多往前走一步，多走的这一小步，或许就能带来用户洞察价值提升的一大步。

![案例3]

在用户行为洞察过程中业务/需求方并不总是了解用户的产品使用场景、使用用途等，努力去挖掘那些尚不为业务/需求方所知的、"奇怪的"使用行为是获得真实需求信息的关键。

举一个某"地瓜洗衣机"的案例。某维修人员发现一个用户的洗衣机老是报修，原来这个用户拿这个洗衣机来洗地瓜，泥土太多沉入了洗衣机的底部把出水管堵塞了，维修人员直接把洗衣机的出水管扩大基本就没问题了，这个事情被这家公司知道了，就推出了一款"地瓜洗衣机"，不仅可以洗地瓜还可以洗蔬菜等多种农产品。

![案例4]

在用户需求洞察方面，它与用户画像洞察、认知洞察以及行为洞察有所不同。真正的用户需求无法通过直接询问来获取，一般通过直接询问得到的结果，要么属于品类或产品常识，要么是失真的。这是因为很多时候用户对自己的需求并不明确。正如《洞察力：让营销直指人心》（宇见著）中所提到的："需求是在感知到品牌、产品或服务价值后被激发而变得清晰的。"

六、基本办公及专业工具使用能力

此项能力包含了两个部分，一部分是基础的办公能力——各种系统、办公软件等都需要学会且熟练，日常会议记录、数据表格等；良好的文字处理能力；电脑应用能力，应能独立操作计算机，熟练操作 Word、Excel、PowerPoint、Outlook 等办公自动化软件及 Internet 邮件收发和处理技巧；能熟练运用各类办公自动化设备，打印机、复印机、传真机、扫描仪、刻录机等；以及在这基础上的其他可以提高工作效率与沟通效率的办公工具，比如石墨文档、腾讯文档、飞书、企业微信、钉钉等，这些工具可以让我们在职场上节省时间，和同事有效协作，推进项目进展，同时职场人还可以掌握 Xmind 等思维导图工具，梳理事件的思路。

另一部分是专业职能人员所需要的工具，就战略 BP 数据 / 业务分析职能而言，如能熟练使用 Excel 和 Google Sheets 基本及深度服务功能，便已经足够支持工作本身。它们是业务数据分析师必备的工具，提供了强大的数据处理和分析功能，包括数据排序、筛选、计算公式、数据透视表等。

使用这些工具，可以轻松地对大量的数据进行整理和分析，帮助发现数据中的模式和趋势。具体如下：

如果掌握了使用 SQL，用于管理和处理关系型数据库的标准查询，那么就又多了一种利器。作为业务数据分析师，需要经常从数据库中提取数据，并进行各种复杂查询和操作。熟练掌握 SQL 语言可以更高效地从数据库中获取需要数据，支持数据分析工作。

Tableau 是一款流行的数据可视化工具，可以将数据以可视化的形式呈现出来。它提供了丰富的图表类型和交互功能，可以更直观地理解数据，并从中洞察。无论是制作简单的柱状图还是复杂的仪表盘，Tableau 都能满足需求。

Python 和 R 是两种常用的编程语言，也是业务数据分析师经常使用的工具。它们提供了丰富的数据处理和分析库，如 pandas、numpy、matplotlib 等。通过编写脚本和函数，可以实现自动化的数据处理和分析，大大提高工作效率。

Power BI（微软提供的一款商业智能工具，适用于数据可视化和仪表盘制作）。

第一层：掌握日常工作需要使用的办公软件基本功能以及专业工具的基

础功能。

第二层：熟练使用办公软件中的一些高级功能来辅助工作的开展，并通过专业工具的使用使得结论和表达更加完整，容易接受。

第三层：熟练掌握办公工具，通过各类辅助手段能够直观地向用户和其他团队传递结论，形成共识。

第四层：能够通过对工具的研究和掌握，形象、准确地传达思想，并易于理解和记忆。提交工具辅助的优秀成果展示，要能够体现形象、准确的特质，获得对应合作对象的高度评价。

第五层：能够将过往的经验进行提炼总结形成有价值的知识传播，并对团队的能力提升起到促进作用。对工具应用的优秀实践进行了系统梳理，可用于培训学习的总结成果。

七、领导能力

在我们的日常生活中，似乎有些人天生就具备领导才能，他们能够妥善安排事务，并有效地管理团队。然而，也有些人在管理小规模团队时，却常常感到困扰，难以沟通和决策。与此同时，关于领导能力的讨论和理论层出不穷，但实际的领导能力表现却往往不尽如人意。许多文章甚至将领导能力描述为一种"全能"特质，要求领导者具备远见、识人、激励团队和解决问题等多重能力。此外，战略规划和以结果为导向的要求也被纳入其中，使得领导能力的内涵更加复杂和繁重。

而在战略 BP 能力范畴中的"领导能力"主要分解为两大部分：项目管理与知识传递。

1. 项目管理方面

第一层：熟悉项目管理基础知识和核心管理控制点。能够进行简单项目的计划跟踪和监控；

第二层：在有限指导下能组织实施小型项目，在计划执行方面有比较多的经验，能够按照总体计划制订阶段性计划及监控点，并按实际执行情况及时修正项目计划；项目中能够判断问题的重要程度并解决一般难度的问题。

第三层：能够独立负责中型项目／活动的实施和运作；有能力亲自解决中型项目／活动中大部分问题；能够灵活实施活动，在活动过程中充分预见可能出现的问题，并提前确定相应的防范应变方案措施。

第四层：项目工作策划和风险管理能力。能根据既定的业务目标，独立组建项目组，策划项目组业务工作及监控点的控制指标，并能有效协调资源过程中的矛盾冲突，保证计划的执行落地；能识别出工作可能的风险项，并提出有效的预防和规避措施。

第五层：全面项目管理能力。对相关产品的业务和技术、运营都有一定了解，能够指导协助各业务负责人优化和完善工作方法和工具，提升工作效率；能够不断总结项目实践过程中的优秀实践，形成系统化的可重复使用的知识成果。

2. 带人的能力／知识传递方面

第一层：能够指导级别较低的同事完成工作任务。

第二层：能够结合人员的不同特质和经历，采取不同的辅导策略，使新同事快速成长并比较好地完成工作任务，在指导过程中还特别注重传授思维理念和工作技巧。

第三层：在工作过程中注意积累和总结，并主动分享给其他同事，使优秀实践和成功经验得以传承和快速复制。

第四层：有培养后备人才的意识，时刻保持对后备人选的识别、指引和关注；主动引导团队其他成员一起进行知识分享，能够营造学习、分享和共同进步的团队氛围。

第五层：有很强的个人魅力和影响力，在知识传递和团队建设方面有丰富的成功实践和理论总结。

理论通常按照逻辑顺序进行阐述，并通过体系化的方式呈现。然而，在现实情况中，往往难以按照既定的步骤和常规模式进行操作。因此，这就需要战略 BP 来揭示现实的复杂性，并根据各个维度（如业务团队状况、目标、需求、业务状态等）的实际情况进行具体分析。通过采取针对性的策略，深入了解服务对象的需求，建立信任关系，并共同努力实现共同的目标。

在 2020 年底，杨浩先生领导一个专门的战略 BP 团队，该团队接受了一项任务，即对公司教育部门的预算进行详细审查。这项任务的性质使得同意预算请求相对容易，而拒绝这些请求则显得较为困难。前者只需依据过往经验即可作出判断，然而后者则要求对行业趋势、业务运作、团队能力、管理惯例以及集团公司的具体要求等方面具备深刻的洞察力和精准的判断力。

杨浩首先从几方面入手：第一是了解行业及业务，包含进行行业分析、专家访谈、业务分析、问题讨论、内外部客户的调研等；第二是深入团队，洞悉团队结构与特点，积极参与核心团队的活动，尤其是与业务负责人的接触，有带着问题的专业沟通，也有茶余饭后的零散对话；第三是定位业务产品状态与目标。

综合以上维度的信息深度挖掘与分析，终于发现了一个重要的问题：业务产品的目标有两类，一个是财务类，毛利（毛利率），另一个是业务类，客户体验感（客户评价的优劣），前者更多由销售端同事负责，后者更多由产品端负责。两者又有诸多的相关性，销售好了，收益多了，就有成本提高客户体验，提高客户满意度，提升产品竞争力，反过来驱动营收与毛利的上升；

同时通过 SPAN 分析，教育产品一直处于核心战略发展期（持续三年），需要突破业务瓶颈，通过销售量提升客户的触点面，提高产品体验感与效果，进一步推动销量，而此间的核心在于如何提高产品的竞争力？业内产品正在功能同质化，在行销侧已经难以有差异化地描述，同时业务团队中产品、服务、市场等领域的管理者大多技术出身，加上"技术至上"的传统思维，在技术到产品，再到商业化的过程中表现能力一般，具体映射到业务，就是行业理解需要提升，仿造能力强，容易做到面面俱到，资源投入不聚焦，表现在决策的决断力与果断性上，作为跟随者，表现过于保守——在产品功能、业务流上暂时无法实现突破，产品的核心竞争力体现在教学、题库等资源的质量上，而提升教学、题库等资源质量的投入从狭义的 ROI（投资回报率）来讲相对比较低，所以业务团队在预算中延长了投入的时间窗口，即增加投入年限，降低每年的投入。

杨浩团队认为这不是最优策略，而应该缩短投入年限，增加每年投入，产品的核心竞争力在教学、题库等资源，而行业中此类产品正在赛道上争先，给业务压强，让团队快速洞察和理解行业，提升产品的体验与效果，推动前端同事的销售效率。

于是，杨浩组织团队人员将分析成果和建议与业务团队进行了多轮的沟通，由杨浩团队向集团决策层呈现汇报，业务团队做支撑，将业务资源的资金投入周期从五年缩短至三年，每年投入成本翻倍，同时保持原有毛利要求不变，但需要提高客户满意度——结果获得了集团管理层的认可——这也是杨浩战略 BP 团队与业务侧建立合作信任的关键一步。

尽管我们展示的案例看似简单，然而其背后的过程却是极为复杂和充满挑战的。这涉及超越业务团队的深度洞察力、对产品专家观点的精准分析、组织协调各方人员的高效沟通以及提出与决策逻辑相匹配的建议等方面。同时，还需要在前期进行信息的收集与分析，对观点进行辨析与验证，以及在后期实施策略的落地与评估工作。

同时，我们在纷繁复杂的诸多行为中注意到，杨浩先生引领其团队依照战略 BP "距离感" 理论的各个维度展开工作。作为一名资深战略专家，杨浩在整体能力层面基本达到专家级别（第四至第五层级），并且从一开始就对集团及业务的目标有着清晰的认识。然而，他并未急于以集团授权的权威身份进行指挥，而是理解此时深入了解需求、建立双方信任显得尤为重要。而从上述提及的三个方面入手，对行业阶段、业务现状、团队情况进行第三方角色深入调研与分析，既利用了组织给予的职能权力（推力），又保持了专业的独立性，得到了影响结果的关键因素，继而对资源投入进行了建议，在建议里包含了对链接力的使用，以战略 BP 角色为业务团队（配合角色）争取资源投入，同时其资源的投入量超出了业务团队期望（本次案例中为两倍），体现了行动的拉力，又展示了杨浩战略 BP 团队的专业性、独立性以及和业务团队的协调性，充分发挥战略 BP 团队的作用。

我们还可以具体到能力维度对应动作，比如快速进入团队，了解行业，了解业务，得出独到洞察，体现了快速学习能力；实际组织团队独立开展客户调研，得到一手信息，便是用户导向，需求洞察能力；基于调研与运营数据找到关键因素，体现分析与逻辑能力；组织讨论，并说服合作方，体现了沟通协调与解决问题的能力；分析过程，观点、论据的呈现，体现了基本办公工具的使用及专业方法应用能力；最后整体建议的被采纳，终究在领导力上体现。

第六节　非正式渠道的交流

前一部分基于模型和案例，希望在专业能力上实现战略 BP 的真正价值。实际上在工作中有很多被忽略的策略，这些策略可能不会直接作用于双方的协作上，但对于信息情报的收集、沟通交流至关重要。

非正式渠道有两个。

在探讨非正式渠道对职场发展和团队建设的影响时，我们主要讨论两个途径。

一、知识分享会和学习论坛

第一个是通过企业内部的知识分享会和学习论坛。这类活动旨在通过分享专业知识和行业洞见，促进员工之间的学习和成长。

在商业实践、社交聚会中，交流信息和知识也很常见。大家普遍认为，知识分享是企业创新和效率提升中必不可少的一部分，被视为促进团队合作和智慧激发的重要工具。

这种知识共享文化在企业中普遍存在，也充满了积极影响。知识分享会提供的健康交流方式，不仅能够避免潜在的负面影响，还能激励员工积极参与学习和创新。

研究表明，职场中的知识分享文化对于提高员工满意度和团队协作具有显著效果。一方面，它能够提升员工的职业能力，另一方面也能增强员工对组织的归属感和忠诚度。在倡导知识分享的企业中，员工感到自己被重视并且更有动力贡献自己的创意和见解，从而更好地融入组织。

如我们所知，良好的沟通和知识流通是企业成功的基石。因此，一些企业利用定期的分享会和论坛，快速缩短员工之间的知识差距，建立合作关系。在知识分享活动中，有效的沟通表达了对他人智慧的尊重和欣赏，能够帮助建立并维护跨部门间的协作关系，并促成创新项目的成功。此外，知识分享的态度和风格可以在一定程度上揭示员工的专业水平和对新知识的接受度。积极参与知识分享的员工，通常会给人一种专业、开放的印象。因此，在职场中进行知识分享被认为是促进个人职业发展和团队效能的有效方式，为企业的长期发展奠定了重要的基础。

我们提倡"健康"的知识交流环境，可能包括一些轻松的互动和讨论，但不是强制的，目的是营造一种较为轻松、愉悦的环境进行沟通交流。

以思科系统（cisco systems）为例，该公司设立了一个名为"cisco learning institute"（思科学习研究所）的平台，提供各种在线课程和实体研讨会，覆盖从技术技能到软技能的广泛主题。此外，思科还鼓励员工参与"tech talks"（技术讲座），这是一种定期举办的内部活动，邀请公司内外的专家来分享最新的技术发展和行业趋势。

这种学习导向的非正式聚会有几个显著的好处。首先，它为员工提供了一个平台，让他们能够持续更新其职业技能，适应快速变化的技术环境。其次，这些活动促进了跨部门的合作和交流，因为参与者来自公司的各个部门，他们可以相互学习最佳实践和创新思路。根据思科的内部调查，参与这些学习活动的员工表示感到更加与公司的使命和目标相连，同时也增强了他们的职业安全感和满意度。

然而，要确保这些活动的成功，企业需要克服一些挑战，比如保证内容的相关性和实用性，以及确保所有员工都能方便地访问和参与这些活动。企业还需要定期评估这些活动的有效性，并根据员工的反馈进行调整。

综上所述，通过建立知识分享和学习平台，企业不仅能促进员工的个人发展，还能增强团队协作和创新能力。这种方式为员工提供了一种自我提升的机会，同时也为企业培养了一支知识丰富、技能多样的劳动力队伍。对企业而言，投资于员工的持续学习和专业发展是构建未来竞争力的关键策略之一。

二、兴趣爱好

我们皆倾向于讨论各自所热爱或感兴趣的议题，每当触及此类话题之际，我们往往不自觉地展现出浓厚的兴趣和生动的神态。或许，这便是所谓的志同道合、相互欣赏之表现。

每个人都有自己的兴趣与爱好，在与人交谈的过程中，如果说的是我们感兴趣的话题，那么，我们就会显得特别高兴，觉得对方是一个善解人意的人。接下来，我们就会很乐意地与对方继续交谈下去。

在与他人进行交流时，最为妥当的方法是先行了解对方的兴趣与爱好所在，随后在此基础上展开更多的相关话题讨论。

在与陌生人建立联系时，明智之人擅长发现并迎合对方的兴趣爱好，从而令对方感到愉悦。通过展现对对方兴趣的真正兴趣，不仅能够拉近彼此的距离，还能在交流中建立起更加深厚和真实的联系。

李小米，一位在房地产公司担任公关助理的专业人士，对绘画有着浓厚的兴趣。这次，她被分配了一个重要的任务，那就是邀请一位享有盛名且已退休多年的园林设计师，来担任公司即将启动的一座大型园林项目的设计顾问。众所周知，这位设计师以其孤傲的性格和不易接近而出名，这让李小米的任务显得尤为艰巨。

李小米决定临场发挥，把平时的绘画爱好运用到与设计师的交流中。当她来到设计师的家中时，设计师对她的到来反应冷淡。李小米并没有气馁，她注意到画案上摆放着设计师的一幅新作，便巧妙地表达出自己的欣赏："这幅画的构图真是别具一格，意境深远，堪称佳作。"这番话显然触动了设计师的心弦，他的脸上露出了满意和自豪的神情。

接着，李小米又评论道："您的作品风格，似乎受到了山水画家石涛的影响？"这番洞察进一步激起了设计师的谈兴，态度明显变得热情起来。通过这样巧妙的方式，李小米逐渐缩短了彼此之间的距离感。

经过不懈的努力和深入的交流，李小米最终成功地说服了这位资深设计师接受公司的邀请，成为即将启动的园林项目的设计顾问。

其实，人们深层的驱动力就是希望自己被别人认为很重要。

我们想要别人怎么对待我们，就得先怎样去对待别人。所以，如果我们想让别人喜欢我们，最好的办法就是交往的过程中尽量谈论些别人感兴趣的话题。

我们的目的是真诚地倡导大家培养兴趣爱好，并在此基础上建立共同话题，从而实现有效的社交互动。那么，何为"真诚地"培养兴趣爱好呢？这就涉及兴趣爱好的第二个重要功能——通过转移注意力来降低压力。

每个人都应当培养自己的兴趣爱好，以此作为抵御日常生活中琐碎烦恼的屏障。通过共同的兴趣，人们可以与志同道合的伙伴相聚，正如古人所言："人无癖不可与交。"拥有兴趣爱好的人更容易保持积极乐观的心态。

梁启超在病榻上写给女儿的书信里有段关于兴趣的节选："我是学问趣味方面极多的人，我之所以不能专积有成者在此。然而我的生活内容异常丰富，能够永久保持不厌不倦的精神，亦未始不在此。我每历若干时候，趣味转过新方面，便觉得像换个新生命，如朝旭升天，如新荷出水，我自觉这种生活是极可爱的，极有价值的。我虽不愿你们学我泛滥无归的短处，但最少也想你们参采我那烂漫向荣的长处。"

也许每个人的工作都是繁重的、枯燥的，每个人的感情总是矛盾不断、冲突不减，每个人的生活也常是单调无趣、平淡如水的，但如果一个人有了自己的兴趣爱好，就可以抵御一些现实生活的风霜雨雪，因为爱好总会滋养人心、润泽心灵的。当人在感兴趣的人和事上，倾注精力和时间，就会感到快乐和放松。

第七节 战略 BP 的最后归宿

在组织架构中，横向职能间的比较显示，"战略"相关的工作内容具备较大的弹性。而在纵向对比分析中，随着层级的提升，其弹性亦随之增大。值得注意的是，"战略"通常是由高层人员或团队承担的关键职能。因此，综合考量之下，"战略"相关工作内容的弹性在所有职能中显著地占据重要位置。

这个特点要求从业人员在纵深的洞察力，广度的知识面上具备深厚的功底以及实时更新的驱动力，所以在业界有"很难有做得非常长的分析师"这一说，大家的职业周期可能也都在 1～5 年，就不会继续在战略部门工作了，而主要去向包括：

在职业发展中，可能会被调往业务或其他关键部门，担任项目经理或产品经理。此外，还可能涉足商业智能领域，利用现代数据仓库技术、在线分析处理技术、数据挖掘和数据可视化技术进行数据分析以实现商业价值。同时，也有机会担当市场营销或技术产品经理等职位。

在互联网兴盛的当代，转向公司产业投资岗位成为一条明晰的职业发展路径。这一转变并不需要过多的即时资源，可以直接进行衔接。由于该岗位与战略和投资具有较深的相关性，因此它也成为许多战略规划人员的转型方向。

转向风险投资行业也是其中的一个选择。由于近年来 VC 行业的不景气，从 VC 行业转向战略规划的人员有所增加。

有一部分人选择了创业的道路，但这样的人相对较少。一般来说，战略部门的工作节奏较为舒适，拥有强烈创业激情的人员并不多见。

另外，还有一些人选择继续深造，攻读工商管理硕士学位。

此外，也有人转向了二级市场的投资工作，然而这一领域的就业机会相对较少。